AF198162

ullstein

»Als ich klein war, sagte mein Vater nicht, reiß dich zusammen. Als ich klein war, rissen meine Eltern sich zusammen, und dann rissen sie an unserem Leben, das sie nicht wollten, nicht so, nicht hier. Man konnte nicht sagen, was man dachte, und man konnte nicht fahren, wohin man wollte.«

Nach einem gescheiterten Fluchtversuch kommt das Mädchen mit drei Jahren in ein Kinderheim, bis die Großmutter es zu sich nach Leipzig holt. Die Eltern sind unerreichbar im Gefängnis, erst Jahre später werden sie ihre Tochter wieder in die Arme schließen. Im Westen soll ein anderes Leben beginnen, aber mit der neuen Freiheit kommen neue Grenzen: Die Krankheit der Mutter, das Unverständnis, auf das der Vater stößt, das Gefühl von Fremdheit des Kindes. Die friedensbewegte Bundesrepublik und das ferne Leipzig: Zwei Welten, die sich nicht berühren, doch zusammen den Kosmos des Kindes bilden.

CONSTANZE NEUMANN, geboren in Leipzig, studierte Anglistik, Romanistik und Germanistik. Sie arbeitete als Übersetzerin aus dem Italienischen und zwanzig Jahre in verschiedenen Verlagen.

Von Constanze Neumann sind in unserem
Hause bereits erschienen:

Wellenflug
Das Jahr ohne Sommer

Constanze Neumann

DAS JAHR
OHNE
SOMMER

Ullstein

Besuchen Sie uns im Internet:
www.ullstein.de

Wir verpflichten uns zu Nachhaltigkeit
- Papiere aus nachhaltiger Waldwirtschaft und anderen kontrollierten Quellen
- ullstein.de/nachhaltigkeit

MIX
Papier | Fördert
gute Waldnutzung
FSC www.fsc.org **FSC® C021394**

Ungekürzte Ausgabe im Ullstein Taschenbuch
1. Auflage Juli 2025
© Ullstein Buchverlage GmbH, Friedrichstraße 126,
10117 Berlin 2024/Ullstein Verlag
Wir behalten uns die Nutzung unserer Inhalte für Text und
Data Mining im Sinne von § 44b UrhG ausdrücklich vor.
Bei Fragen zur Produktsicherheit wenden Sie sich bitte an
produktsicherheit@ullstein.de
Umschlaggestaltung: zero-media.net, München,
nach einem Entwurf von Huelsenberg Studio
Titelabbildung: © Nachlass Sibylle Bergemann/
OSTKREUZ/Courtesy Loock
Gesetzt aus Fairfield LT Light
Druck und Bindearbeiten: ScandBook, Litauen
ISBN 978-3-548-07009-4

Für Antonia

I

Als ich klein war, lebte ich in einem Land, das es nicht mehr gibt. Es war grau und vertraut. Die Stadt, die es nicht mehr gibt, war grau und vertraut: die Max-Liebermann-Straße, die wir so nicht nannten, sondern Ladenstraße, die Landsberger Straße, die Krochsiedlung und das schmutzige Wackerbad. Die Russenkaserne mit den Fenstern ohne Gardinen, still, unheimlich. Der Zoo, wo nahe dem Eingang Flamingos auf einem Bein standen und man Lose kaufen konnte. Den Hauptgewinn, einen großen Teddy, habe ich nie gezogen. Gohlis, beige-blaue Tatra-Straßenbahnen mit Plastikschalen als Sitze, die Jonny-Schehr-Straße mit dem Kindergarten, die Milchbar Pinguin, wo es Vanille- und Schokoladenmilch gab und manchmal welche mit Erdbeergeschmack. Der Schrebergarten meiner Großmutter, Fleischsalat, Knackwurst, Malzkaffee.

Als ich klein war, sagte mein Vater nicht, reiß dich zusammen. Als ich klein war, rissen meine Eltern sich zusammen, und dann rissen sie an unserem Leben, das sie nicht wollten, nicht so, nicht hier. Man konnte nicht sagen, was man dachte, und man konnte nicht fahren, wohin man wollte.

Meine Mutter war jung und schön, sie hatte langes dunkles Haar, grüne Augen und eine weiche Stimme, so weich, wie Stimmen nur in Leipzig sind. Mein Vater war groß und stark, durch sein Haar liefen silbrige Fäden, er hatte eine schwarz gerahmte Brille und sang und lachte laut. Wenn wir mit unserem Trabant ins Erzgebirge fuhren, sangen wir »Geh aus, mein Herz, und suche Freud«.

Meine Tochter weint nicht, sagte er später. Ich hasse hysterische Frauen, sagte er auch erst später.

Aber ich war schon als Kind hysterisch, ich hatte Angst vor Wasser und vor Ameisen.

Meine Tochter hat immer Angst, sagte mein Vater, woher kommt bloß diese Angst, wir haben keine Angst.

Wir wohnten in einer kleinen Wohnung, zwei Zimmer, Küche, Bad, die wir uns mit einer alten Frau teilten. In unserem Zimmer standen der Flügel meines Vaters, Bücherregale, ein Schrank und ein Schlafsofa. Es war eng, und die alte Frau, die mit uns in der Wohnung wohnte, trank. Sie roch nach Alkohol, immer, und meine Mutter wollte nicht, dass sie mir zu nahe kam. Mein Vater suchte eine größere Wohnung, er ging auf das zuständige Amt, aber sie hatten keine, er hörte sich um, doch immer waren die Wohnungen schon vergeben. Er erfuhr von einer in der Landsberger Straße, drei Zimmer, dort hatte sich jemand umgebracht, hieß es, also musste sie frei sein. Mein Vater ging wieder auf das Amt, diesmal klappte es, wir bekamen die Wohnung, konnten endlich wegziehen aus der viel zu kleinen mit der alten Frau.

In der neuen Wohnung in der Landsberger Straße wohnten Sommerlattes über uns, unten im Haus war ein Juwelierladen, dessen Besitzer aussah wie Paul Newman, neben uns wohnten Ladinskys. Herbert und Renate Ladinskys Tochter hieß Ines und spielte mit mir, obwohl sie ein paar Jahre älter war. Renate Ladinsky rauchte viel und beschwerte sich über ihren Mann, der eine schwarze Lederjacke trug, eine Honda fuhr und zu viel trank, meine Mutter hörte ihr zu und rauchte auch, sie übte Geige und machte ihr Examen, und alle sagten ihr eine Karriere als Geigerin voraus. Sie bestand ihr Examen mit der besten Note, und wenn sie spielte, tanzten ihre Finger über die Saiten.

Mein Vater bekam einen Lehrauftrag in Dresden an der Musikhochschule, und auch meine Mutter bewarb sich dort. Man wollte sie einstellen, aber es fand sich wieder keine Wohnung, wir hatten ja gerade Glück gehabt mit der in Leipzig, also blieben wir in der Landsberger Straße, und mein Vater fuhr jede Woche von Montag bis Donnerstag nach Dresden. Der Juwelier, der aussah wie Paul Newman, lächelte, wenn er meine Mutter im Treppenhaus sah.

Meine Mutter und ich, dies ist meine erste Erinnerung, standen abends am Fenster, an dem Schneeflocken vorbeifielen, es war ganz still, drinnen und draußen, und wir schauten zusammen in das nächtliche Schneegestöber. Wir standen lange am Fenster – dann kam mein Vater aus Dresden zurück, und es war Weihnachten, Silvester. Unter uns feierte der Juwelier, neben uns stritten Ladinskys, über uns ging bei Sommerlattes der Weihnachtsbaum in Flammen auf, als um Mitternacht ein Knallkörper durch das offene Fenster fiel. Mein Vater rief die Feuerwehr.

2

Meine Eltern rissen an unserem Leben und entschieden, das Land zu verlassen, das ihre und meine Heimat war.

Einige unserer Verwandten waren nach Westdeutschland gegangen, vor dem Mauerbau, oder wie meine Oma, die Mutter meines Vaters, als Rentnerin übergesiedelt. Meine Tante Helga, die Schwester meines Vaters, floh, als ich ein Jahr alt war: zusammen mit ihrem Mann, einem Arzt, der eine Zeit lang noch zu Kongressen in den Westen fahren durfte und dort die Flucht geplant hatte, mit einer Organisation in der Schweiz, die damit und mit Prostitution ihr Geld verdiente.

Meine Tante handelte eine Flucht für uns mit ihnen aus, sie schickte Freunde aus Westdeutschland zu uns, denn sie durfte nicht mehr einreisen, und diese Freunde kamen zu den Messen und überbrachten Nachrichten. Sie hatten einen Fotoapparat dabei mit Farbfilm, sie fotografierten uns und sich, es sind die einzigen Farbfotos von mir als Kleinkind. Die Erwachsenen sind in Orange, Grün und Braun gekleidet, die Freundin aus dem Westen trägt eine große Hornsonnenbrille und hat das Haar in Wellen gelegt, die Augen meiner Mutter sind grün und meine grünblau.

Meine Eltern sagten niemandem etwas von der Flucht, sie sprachen auch nicht in der Wohnung davon. Sie gingen spazieren und redeten draußen, sie liefen die Straßen entlang und schauten über die Schulter zurück. Manchmal kamen Kuriere mit Nachrichten, dann gab es Passwörter, ich bin der Walter, sagten sie, das hat der Otto mir gesagt, musste mein Vater antworten. Manchmal hatten die Kuriere das Passwort vergessen, sie hatten es eilig, und mein Vater sagte schnell, der Otto hat mir gesagt, dass du der Walter bist.

Es wurden ein Termin und ein Ort ausgemacht, an dem wir warten sollten, bis ein Wagen auftauchte, in dessen Kofferraum wir steigen würden. Dieser Wagen sollte uns aus dem Land bringen, ein Westwagen, der die Transitstrecke nehmen konnte und eigentlich nicht kontrolliert werden durfte.

Wir fuhren wie verabredet nach Berlin zum Märchenbrunnen im Volkspark Friedrichshain. Dort standen wir Stunde um Stunde, mein Vater mit seiner Aktentasche, in der die wichtigsten Unterlagen waren und ein paar Münzen und Briefmarken, meine Mutter mit ihrem Schmuck und ihrer Geige unter dem Arm. Für mehr wäre nicht Platz in dem Kofferraum, aber immerhin hatte meine Mutter ihr Instrument dabei, während mein Vater seinen Flügel zurücklassen musste.

Wir standen sehr lange dort, und es tauchte kein Wagen auf. Irgendwann hatten wir alle Märchenfiguren angesehen, Dornröschen, Schneewittchen, den gestiefelten Kater, der aussah wie ein Hase, Rotkäppchen, dem die Strümpfe über die Knöchel gerutscht waren, und Hänsel und Gretel, die auf Enten saßen. Es war ein kalter Tag Ende November, und dass eine Frau mit einer Geige, ein Mann mit einer Aktentasche und ein kleines Kind in der Dämmerung zwei Stunden am Märchenbrunnen im Regen standen, war verdächtig. So gingen wir erst auf den Weihnachtsmarkt am Alexanderplatz, ich aß Zuckerwatte und fuhr Karussell, dann mussten wir zurück nach Leipzig, zurück in die Wohnung in der Landsberger Straße, von der meine Eltern dachten, sie sähen sie nie wieder. Am nächsten Tag wurde meine Mutter 25 Jahre alt.

Knapp drei Monate vergingen, dann war Februar, der 19. Februar 1977, ein neuer Termin. Wir standen in einem Vorort von Leipzig vor einem Geschäft mit Tapeten und warteten, und endlich kamen die Männer. Sie waren nervös und hatten es eilig. Das Auto, in das wir stiegen, ein Mercedes, war größer als alle Autos, die ich kannte.

Auf einem dunklen Parkplatz irgendwo an der Autobahn hielten sie an, wir sollten umsteigen, schnell in den Kofferraum, damit uns keiner dabei zusah.

Dass es ein neues Gesetz gab, dass bei begründetem Verdacht Westautos auf der Transitstrecke durchsucht werden durften, wussten meine Eltern nicht. Sie wussten auch nicht, dass in der Werkstatt der Fluchthilfeorganisation, in der sie die Fluchtautos präparierten, jemand arbeitete, der die Termine und Namen der Flüchtenden der Stasi meldete.

Ich wusste schon mit drei Jahren, dass man das Land nicht verlassen durfte. Ich sagte es meinem Vater, der mir erklärte, dass das stimmte und wir uns deshalb im Kofferraum verstecken und ganz leise sein müssten, dann kämen wir nach Westdeutschland und zu der Oma, seiner Mutter, an die ich keine Erinnerung mehr hatte. Ich glaubte ihm und kletterte in den Kofferraum, ich lag dort zwischen meinen Eltern, es war warm, ich schlief ein.

Die Hoffnung meines Vaters erfüllte sich nicht, und obwohl ich wusste, dass wir etwas Verbotenes taten, wusste ich nicht, was uns erwartete, als das Auto an der Grenze hielt, als die Stimmen lauter wurden, als das Auto wieder anfuhr, langsam ein paar Meter weiterrollte und dann erneut bremste: erst das Bellen der Schäferhunde, ihr

Hecheln und das Geräusch ihrer Pfoten über der Kofferraumklappe, die schließlich aufgerissen wurde, dann die Grenzsoldaten mit ihren Maschinenpistolen, die im Halbkreis um das Auto standen und zusahen, wie wir ausstiegen. Meine Mutter nahm mich auf den Arm und drückte mich fest an sich, mein Vater stellte sich schützend vor uns. Jemand fotografierte uns, mein Vater schaute wütend, meine Mutter ängstlich in die Kamera, dann trennten uns die Grenzsoldaten.

Mein Vater wurde fortgeführt, ich saß auf dem Schoß meiner Mutter in einem kleinen Raum. Ein junger Soldat kam und bot meiner Mutter ein Glas Milch und eine Apfelsine an, nehmen Sie, das bekommen Sie so bald nicht wieder, aber sie schüttelte stumm den Kopf. Irgendwann kam ein anderer Soldat, der mich wegbrachte.

Sie fuhren mich nach Gera, in ein Kinderheim, an das ich kaum Erinnerungen habe. Ein dunkler Schlafsaal, Stockbetten, das Gefühl von Einsamkeit.

Dass meine Eltern nicht da waren, machte mich nicht ängstlich. Ich war zornig und weinte vor Wut. Ich war wütend, weil sie mir meinen orange-weißen Spielzeugbus weggenommen und nie zurückgegeben hatten. Ich konnte mit niemandem reden, denn dass das hier böse Menschen waren, wusste ich, sie gehörten zu denen, die meine Eltern weggeführt hatten, zu denen, die uns nicht aus dem Land lassen wollten. Ich wurde in ein Doppelstockbett gesteckt, ich musste unten liegen, die Decken waren grau und knotig und dünn, und die anderen Kinder waren Feinde. Ich würde nie wieder in einem Stockbett unten liegen.

Es war Fasching, und auch die Kinder ohne Eltern sollten fröhlich sein, aber ich war nicht fröhlich, ich hatte ja Eltern und war falsch hier in diesem Heim voller Kinder ohne El tern. Irgendwer zog mir ein Schmetterlingskostüm an, aber das half nicht. Die Frauen, die wir Tante nennen sollten, wussten nichts mit mir anzufangen, einem Kind, das bockig weinte und nichts sagte.

Meine Mutter hatte zum Abschied gesagt, dass meine Großmutter aus Leipzig kommen werde, um mich abzuholen. Ich hatte das Kostüm noch an, als meine Großeltern eintrafen, es geschah genau so, wie meine Mutter gesagt hatte, es waren nur ein paar Tage vergangen, aber ich dachte, ich wäre ewig in dem grauen Heim gewesen und hätte geweint und geschwiegen. Die Tanten waren froh, dass ich abgeholt wurde, ich war ein schwieriges Kind, da halfen auch die blonden Locken nicht.

Ich fuhr mit meinen Großeltern zu ihnen in die Krochsiedlung, Norderneyer Weg 9b, dort hatte schon meine Mutter als Kind gewohnt, und ich zog in ihr Zimmer. In der Wohnung roch es nach meiner Oma: Malzkaffee und Wäsche.

3

Nun wohnte ich also in der Krochsiedlung. Riesengroß kam sie mir vor, zwischen den Häuserzeilen mit drei- und viergeschossigen Gebäuden waren jeweils ein Fußweg und dann eine Rasenfläche, die bis zur nächsten Zeile reichte. Auf dem Rasen Sandkästen, Teppichstangen und ein paar hohe Bäume. Der Rost der Teppichstangen kratzte an meinen Händen, und in den schmutzigen Sandkästen spielte niemand mehr. Die Kinder liefen über den Rasen, spielten Ball und Verstecken. Die Erwachsenen, die zumeist schon lange in den Wohnungen wohnten, die begehrt und einmal modern gewesen waren, stellten Klappstühle und -liegen nach draußen und verbrachten die Sommernachmittage dort.

Die Häuser hatten hohe dunkle Holztreppen, die einmal in der Woche gebohnert werden mussten, die Dreizimmerwohnung meiner Großeltern hatte wie viele andere eine Loggia, die im Winter zu kalt und im Sommer zu heiß war, aber schön aussah. Meine Oma war 1930 als Zweijährige mit ihren Eltern in die gerade neu gebaute Krochsiedlung gezogen, sie hatte immer dort gelebt, auch nach der Hochzeit mit meinem Großvater.

Ich bekam das Kinderzimmer meiner Mutter, denn in mein altes Kinderzimmer in der Landsberger Straße konnte ich nicht mehr, die Wohnung war für uns verschlossen, sie war versiegelt, und hinter dem Siegel über dem Türschloss waren meine Spielsachen, meine Kleider, unerreichbar.

Der Februar war vorbei, der 19. Februar war weit weg und doch immer da, an den Bäumen zwischen den Häusern wuchsen kleine hellgrüne Blätter, die Forsythien blühten gelb. Ich ging wie vor dem 19. Februar in den evangelischen Kindergarten in der Jonny-Schehr-Straße, in dem man Verständnis dafür hatte, dass ich manchmal wütend war und kratzte und biss. Meine Großmutter arbeitete morgens in einer Bücherei und bastelte nachmittags mit mir, ging mit mir in den Zoo oder auf den Spielplatz und, als es Frühling und dann Sommer wurde, in ihren Garten in der Laubensiedlung. Neben Blumen wuchsen dort Erdbeeren, die süß waren, wir ernteten sie im Mai und Juni, später gab es Stachelbeeren und Johannisbeeren. Meine Oma buk Zuckerkuchen und nahm ihn mit in den Garten. In dem kleinen Häuschen, in dem ein Tisch stand und Stühle und ein Gaskocher, roch es nach feuchtem Holz. Davor stand eine Regentonne, aus der wir Wasser nahmen, um zu gießen. An der Regenrinne glitzerten Spinnweben in der Sonne, die Tage wurden länger, wir aßen Zuckerkuchen und Beeren und gingen abends müde und verschwitzt zurück in die Krochsiedlung.

Mein Großvater erzählte mir jeden Tag Geschichten vom Rackedälchen. Das Rackedälchen war ein kleines Männchen, das tief im Wald wohnte und Abenteuer erlebte. Immer weiter spann er diese Geschichte, später hat er sie aufgeschrieben, ich habe das Heft nach seinem Tod gefunden. Mein Großvater war Nationalökonom, er arbeitete in einem großen Betrieb für Landwirtschaftsmaschinen und leitete dort eine Abteilung. Er trug Verantwortung, obwohl er sich häufig lustig machte über den Betrieb, über die Landwirtschaftsmaschinen, die zum Teil vollkommen nutzlos waren, über Fünfjahrespläne und Vorgaben aus sowjetischen Bruderfirmen. Er war in der Partei gewesen und wieder ausgetreten, er hatte sich bereit erklärt, mich bei sich aufzunehmen und im Sinne des Sozialismus zu erziehen, was meine Eltern offensichtlich nicht konnten und wollten, und die republikflüchtige Tochter schadete ihm. Arbeitslos konnte man nicht werden in dem kleinen grauen Land, aber die Verantwortung in der Firma nahm man ihm. Er spielte dann viel Skat, bei der Arbeit und in seiner Freizeit, und wurde wütend, wenn er verlor. Er war häufig wütend, auf meine Mutter und ihre Entscheidung, die Folgen hatte für ihn, für mich, für uns alle, er konnte das nicht verstehen, das sagte er ihr bei seinem einzigen Besuch im Gefängnis. Er war auch wütend auf meine Großmutter, nur auf mich nicht, er erzählte vom Rackedälchen und brachte mich morgens in den Kindergarten.

Über uns wohnten Kuhnes. Herr Kuhne war unser Hauswart, er führte das Hausbuch, in dem sich alle Gäste eintragen mussten, er achtete darauf, dass an den entsprechenden Tagen die Fahne gehisst wurde und alle zur Wahl gingen. Über Kuhnes redete man in der Siedlung, so wie über uns. Kuhnes Kinder waren »asozial«, saßen im Jugendwerkhof oder im Gefängnis; Kuhne war Nazi gewesen und hatte sich nach dem Krieg den Kommunisten angeschlossen, er machte, was man ihm auftrug, wenn man ihn dafür in Ruhe ließ.

Die Leute redeten auch über Herbsts, die ein paar Häuser weiter in der Stasiwohnung wohnten.

Katja Herbst, einige Jahre älter als ich, fragte mich beim Spielen auf der Wiese, wo meine Eltern seien.

Im Gefängnis, sagte ich, wir wollten hier nicht bleiben.

Danach durfte ich nicht mehr draußen spielen, obwohl inzwischen Sommer war, auf den Wiesen zwischen unseren

Häusern blühten Gänseblümchen, und ich hatte Ketten und Kränze daraus geflochten. Aber jetzt nicht mehr, jedenfalls nicht, wenn meine Großmutter nicht dabei war und ihren Klappstuhl neben den von Kuhnes stellte.

Ines Ladinsky durfte zu mir kommen, und wir sprachen viel über die Honda ihres Vaters. Diese Honda war unser Traum, wir dachten uns Geschichten aus, in der die Honda eine entscheidende Rolle spielte. Eine ging so: Unter die Honda schnallten wir Rollschuhe, und sie wurde dadurch so schnell, dass wir über die Grenze fahren konnten, ohne dass sie uns erwischten. Wir fuhren ihnen einfach davon. So kamen wir in den Westen, den wir uns nicht vorstellen konnten, von dem wir aber viel gehört hatten, dort gab es alles, was es hier nicht gab, Milka-Schokolade, bunten Kaugummi, Bananen und Pfirsiche.

Manchmal ging ich zu Ines in die Landsberger Straße und schaute auf die versiegelte Tür zu unserer Wohnung, hinter der meine Spielsachen waren – oder hatten sie sie weggenommen wie den kleinen Spielzeugbus?

Im Sommer machten wir Ausflüge mit Ines' Eltern, sie hatten einen Trabant wie meine Großeltern, und wir fuhren raus aus Leipzig. Immer stritten sie sich: Du bist doch das Letzte, jetzt steige ich aus, dann steig doch aus, wenn du anhältst, steig ich auch aus, bitte schön, das kannst du haben, komm zurück, du dusselige Kuh, ich komm nie mehr zurück, wo willst du hin, Hauptsache, weg von dir.

Am Ende fuhren wir alle schweigend zurück nach Leipzig, Ines verabschiedete sich, als wäre nichts gewesen, und besuchte uns bald wieder.

Im Herbst fuhren meine Großeltern mit mir nach Thüringen, wir suchten Blaubeeren und Pilze. Meine Großmutter, die nicht gern Pilze aß, fand die meisten. Abends machte sie Pilzomelett für meinen Großvater und mich und für sich selbst eins ohne Pilze.

Meine Mutter schickte mir Briefe mit Bildern aus dem Gefängnis, sie konnte gut malen: Rehe im Wald, Prinzessinnen, Fliegenpilze. Wir hängten die Bilder in meinem Zimmer auf, neben die Fotos von meinen Eltern und mir.

Zweimal in diesem Jahr wurde meine Großmutter unruhig, sie stand lange an für einen Blumenstrauß, den schönsten und größten, den sie finden konnte, sie packte eine große Tasche, und ich wusste, sie besuchte meine Mutter. Ich konnte nicht mit, denn Kinder unter sechs Jahren durften nicht ins Gefängnis, durften niemanden dort besuchen, auch nicht die eigene Mutter.

Meine Oma ging traurig weg und kam traurig wieder, mit leerer Tasche. Sie versuchte zu lächeln und erzählte mir, wie viel meine Mutter an mich dachte, wie sehr sie sich darauf freute, mich wiederzusehen. Ihre grünen Augen wurden beinahe durchsichtig, sie lächelte und putzte sich die Nase.

Es wurde Winter, Weihnachten kam, und ich hatte eine schwere Angina, ich war ein paar Tage im Krankenhaus und wurde wieder gesund, meine Eltern waren immer noch im Gefängnis, der Schnee lag erst weiß und dann braun und matschig auf den Straßen der Krochsiedlung, und der 19. Februar lag bereits ein Jahr zurück.

Der Frühling kam, als wäre nichts geschehen, die Vögel sangen zwischen unseren Häuserzeilen, die Menschen holten ihre Klappstühle und -liegen aus dem Keller und setzten sich auf die Wiesen, die endlich wieder grün wurden. Noch ein Sommer kam, und dann im Herbst, anderthalb Jahre nach jenem 19. Februar, durften meine Eltern nach Westdeutschland ausreisen, man hatte sie freigekauft, und ich konnte mir das nicht vorstellen – wer kaufte eingesperrte Menschen?

Ich sollte nachkommen in das neue Land, alles drehte sich darum, aber es war schwer, eine Lösung zu finden, denn sie wollten mich nicht gehen lassen. Meine Großmutter wurde immer trauriger, mein Großvater und meine Großmutter gingen auf viele Ämter und sagten, ja, eine sozialistische Erziehung sei sehr wichtig, aber noch wichtiger seien doch die Eltern.

Und damit war klar, dass mein Großvater weiter Skat spielen und sich nie mehr um die nutzlosen Landwirtschaftsmaschinen kümmern würde, er spielte Skat, er war wütend und immer seltener zu Hause. Meine Großmutter lächelte kaum, wenn er da war, stumm stellte sie ihm das Essen auf den Tisch. Er erzählte mir vom Rackedälchen oder den nutzlosen Maschinen, er lachte dann, und ich lachte mit, auch wenn ich ihm nicht folgen konnte.

Im Februar des darauffolgenden Jahres sagte mein Großvater, er fahre auf Dienstreise nach Russland, er sei lange weg, und vielleicht würden wir uns nicht mehr sehen, vielleicht sei ich schon bei meinen Eltern im Westen, wenn er wiederkomme. Ob ich mich freue auf meine Eltern und auf den Westen, fragte er, und ich sagte, ja, ich freue mich, ich will wieder bei Mutti und Vati sein.

Er ging, und wirklich sah ich ihn nicht wieder, bevor ich in den Westen ausreiste.

Meine Eltern riefen nun ab und zu an, unerreichbar weit weg, auch wenn ihre Stimmen am Telefon ganz nah klangen.

Bald sind wir wieder zusammen, sagten sie, es dauert nicht mehr lange, dann kommst du zu uns.

Ich möchte meine Haare wachsen lassen, darf ich das denn, fragte ich, wenn ich wieder bei euch bin?

Ja, sagte meine Mutter, natürlich darfst du das. Dann erzählte sie vom Westen, den ich noch nicht kannte, dass es ihnen gut gehe und dass es mir dort auch gut gehen werde.

Ich freue mich, sagte ich, hoffentlich klappt es bald.

Dann legten wir auf. Immer knackte es in der Leitung, wenn wir miteinander sprachen.

4

Es kann nicht mehr lang dauern, hatten meine Eltern am Telefon gesagt, bald sind wir wieder zusammen. Ich sah die Bilder an, die meine Mutter für mich gemalt hatte, ich stellte sie mir vor, ihre dunklen Haare, ihr Gesicht, verschwommen. Dann, es war gerade März geworden, kam ein amtliches Schreiben, dass ich die DDR verlassen konnte, dass ich entlassen würde aus der Staatsbürgerschaft der DDR.

Und jetzt musste es schnell gehen, ich hatte keine Zeit mehr, obwohl nicht klar war, wie ich diese Staatsbürgerschaft und dieses Land hinter mir lassen sollte: Ich durfte nicht allein in den Westen fahren, ich war knapp sechs Jahre alt, meine Großmutter durfte nicht ausreisen, sie war noch keine Rentnerin, und meine Eltern, die Staatsfeinde im Westen, verurteilt wegen Republikflucht und staatsfeindlicher Spionage, durften nicht mehr einreisen.

Meine Oma packte meine Koffer für mich, meine Eltern suchten und fanden eine Verwandte, die lange vor dem Mauerbau nach Westdeutschland gegangen war und die niemand von uns kannte. Sie kam sofort zu uns nach Leipzig, wir hatten nur vierundzwanzig Stunden Zeit, und ich sollte Tante zu der Unbekannten sagen. Schon am nächsten Abend brachte meine Großmutter uns zum Bahnhof, mein Opa war in Russland, das hatte er gesagt, aber das stimmte nicht, in Wirklichkeit war er bei einer anderen Frau, die er bald darauf heiratete.

Meine Großmutter konnte sich später nicht mehr daran erinnern und sagte, er sei auch auf dem Bahnhof gewesen, an jenem Abend im März, aber da waren nur sie und ich und die immer nervöser werdende Tante. Dort auf dem Bahnsteig in Leipzig muss ihr aufgegangen sein, worauf sie sich eingelassen hatte. Ich weiß nicht, ob ich geweint habe, ich glaube nicht, denn meine Großmutter sagte, es sei schön, dass ich nun endlich zu meinen Eltern fahren könne. Im Westen warteten auch die Kaugummiautomaten, über die wir im Kindergarten sehnsüchtig geredet hatten, die Schlümpfe, die *Sendung mit der Maus*.

Meine Oma redete schnell, ihre Stimme klang fröhlich, ihre Augen waren hell und durchsichtig, sie umarmte mich wieder und wieder. Ihr Geruch war vertraut, mir wurde warm auf dem zugigen Bahnsteig.

Sie stand allein dort, als der Zug abfuhr, sie wurde kleiner und kleiner, bis sie im Bahnhof verschwand und auch die große, weite Bahnhofshalle nicht mehr zu sehen war. Ich winkte ihr, bis die fremde Tante sagte, wir müssten nun das Fenster schließen.

An der Grenze passierte das, was die Tante befürchtet hatte: Meine Koffer wurden durchsucht, mein Teddy aufgeschnitten, ebenso meine Puppe Kathrin, die mit dem Stoffbauch, die früher meiner Mutter gehört hatte. Peter wurde nicht aufgeschnitten, er war ganz aus Plastik, auch sein Bauch, das schützte ihn. Penibel durchsuchten sie alles, nahmen mir aber nichts weg.

Irgendwann fuhr der Zug weiter, wir packten meine Sachen wieder in die Koffer. Ich hielt den Teddy im Arm, aus seinem Bauch quoll die Füllung, sie war weiß und rau, und ich versuchte, sie zurück in den Bauch zu stopfen. Ob man das nähen konnte? In Leipzig hatte es am Markt einen

Puppendoktor gegeben, sicher gab es im Westen auch so jemanden oder ganze Puppenkliniken.

Die Hände der Tante zitterten, sie wischte sich mit einem Taschentuch über das Gesicht. Die anderen Leute im Abteil schauten neugierig und erschrocken, dann blickten sie zu Boden und sprachen kein Wort mehr mit uns.

Gegen vier Uhr morgens hielt der Zug in Essen, dort wohnte die neue Tante. Sie konnte die Tür nicht öffnen, so sehr zitterten ihre Hände, und sie brauchte so lange, dass der Zug beinahe weitergefahren wäre. Am Bahnsteig stand ein Mann, groß und mit silbrigem Haar, auf dem Kopf ein dunkler Hut. Er sagte dem Schaffner, der Zug dürfe auf keinen Fall weiterfahren, er rüttelte an der Zugtür, und schließlich riss er sie auf.

Ich stand in der Türöffnung neben der Tante und den großen Koffern, die der Mann nahm und auf den Bahnsteig stellte. Dann hob er mich aus dem Zug, ich war starr vor Schreck. Hinter ihm sah ich meine Mutter, ihre dunklen Haare, die grünen Augen, das Gesicht nicht länger verschwommen, sondern vertraut. Ihre Stimme war auch in Essen weich, und deshalb traute ich mich, sie zu fragen, warum der Mann uns die Koffer weggenommen hatte.

5

Meine Mutter hatte Tränen in den Augen, als sie mich in den Arm nahm. Das ist doch der Vati, sagte sie, und ich sah ihn an, wie er meine Koffer nahm, er fragte die Tante nach der Reise und der Grenze, dann schob er uns energisch in Richtung des Ausgangs. Das Auto steht vor der Tür, sagte er, und ihr müsst völlig übermüdet sein, konntet ihr im Zug überhaupt schlafen.

Das Auto war ein himmelblauer Ford Escort, den meine Tante Helga meinen Eltern bei ihrer Ankunft geschenkt hatte und dessen fröhliche Farbe mir gut gefiel – die Trabis in Leipzig waren meistens weiß gewesen, und manchmal hatte meine Großmutter nur am Nummernschild erkannt, welches Auto ihres war.

Schau mal, meine Haare wachsen schon, sagte ich zu meiner Mutter, als wir im Auto saßen, bald kann ich einen Zopf flechten, und sie sagte, ja, wir flechten dir einen Zopf, du wirst sehen, das geht schnell.

Meine Mutter hatte die meiste Zeit seit ihrer Ankunft im Westen im Krankenhaus verbracht, weil sie im Gefängnis sehr krank geworden war, sie konnte kaum noch laufen und die Arme und Beine bewegen. Inzwischen war sie aus dem Krankenhaus entlassen worden, und sie und mein Vater waren bei seiner Mutter untergekommen.

Wir verabschiedeten uns von der fremden Tante und fuhren nach Kreuztal, einer kleinen Stadt im Siegerland, wo die Oma lebte, an die ich mich nicht erinnern konnte, weil sie übergesiedelt war, als ich ein Jahr alt war. Nach der Flucht meiner Eltern hatte sie nicht mehr in die DDR einreisen dürfen, weil man vermutete, sie habe uns geholfen, habe Kontakte geknüpft und Nachrichten überbracht. Sie war zur Staatsfeindin geworden, wie meine Eltern und meine Tante Helga, ihre republikflüchtige Tochter. Jetzt erwartete sie uns in ihrer Wohnung.

Uralt kam sie mir vor, mit ihren fast achtzig, während meine Großmutter in Leipzig gerade einmal fünfzig Jahre alt war. Sie ging etwas gebückt, nachts nahm sie ihr Gebiss aus dem Mund, und ihr Haar war schneeweiß und recht kurz, es lag in Wellen um ihren Kopf. Alles an ihr war dünn, hager, die Nase war gebogen wie der Schnabel eines Vogels. Sie freute sich, mich zu sehen, aber nur kurz, wir sollten uns setzen, um zu essen, dann aufstehen, um die Nachbarn zu begrüßen – meine Mutter und ich würden dort übernachten.

Das Wohnzimmer der Nachbarn war voller künstlicher Blumen, sie standen in kleinen und großen Vasen, und bei der neuen Oma stand auch eine Vase mit solchen Blumen. Die Nachbarin machte sie selbst, sie zog dünnen Nylonstoff auf Draht und stellte überall solche Sträuße hin. Im Wohnzimmer sollten meine Mutter und ich schlafen, denn in der Wohnung der neuen Oma war nicht genügend Platz für uns alle. In ihrem Wohnzimmer gab es eine Ecke, und diese Ecke war für mich bestimmt, sie war mein Kinderzimmer, wo meine Spielsachen liegen konnten, wo ich spielen durfte, wenn das Wetter so schlecht war, dass meine Mutter und ich nicht rausgehen mochten.

Wenn die Sonne schien, gingen wir durch die kleine Stadt, auf Spielplätze oder in den duftenden Drogeriemarkt. Wir rochen an Deospray der Marke Kölnisch Wasser, bewunderten Flakons und Flaschen, alles unerreichbar teuer, aber die Regale waren voll, unendliche Reihen unterschiedlicher Produkte standen da, verheißungsvoll. Die kleine Stadt war so anders als Leipzig, alles war intakt, die Straßen, Bürgersteige, die Einfamilienhäuser und die Mehrfamilienhäuser, nirgendwo blätterte Putz von den Wänden, wuchs Gras zwischen den Platten auf den Gehwegen. Vor den Einfamilienhäusern waren Parkplätze für die Autos mit Rasengittersteinen, auch dort wucherte das Gras nicht, sondern wuchs nur, wo es sollte. Jenseits der Bahnlinie, auf der Regionalzüge fuhren und die man überqueren konnte, wenn eine rot-weiße Schranke hochging, lag der Aldi, in dem meine neue Oma einkaufen ging. Sie studierte die Prospekte mit den Sonderangeboten, die sie in ihrem Briefkasten fand, und nahm sie mit. An der Kasse hatte sie den Einkauf schon zusammengerechnet und rief den Verkaufsstellenleiter, wenn das Ergebnis der Kassiererin von ihrem abwich. Sie hatte immer recht: Milch, Esrom, Haferflocken, Erbswurst, Margarine, Graubrot, immer dieselben Lebensmittel zu denselben Preisen, die sie genau kannte.

Der Drogeriemarkt, die Spielplätze und die Automaten waren die Hauptattraktion in der kleinen, ordentlichen Stadt, die Automaten, von denen Ines und ich geträumt hatten in Leipzig, etwas, das es nur im Westen gab, das der Westen war: kleine rot-weiße Kästen, die an Häuserwänden hingen und ein Fenster hatten, durch das man den Inhalt sehen konnte – bunte Kaugummikugeln oder mit einer roten Zuckerkruste überzogene Erdnüsse. In den ganz besonderen waren Flummis, Plastikringe oder kleine Schlüsselanhänger, man musste zehn oder fünfzig Pfennig einwerfen, drehte an einem silbernen Hebel, und dann kam aus dem Automaten unten das raus, was man durch das

Fenster gesehen hatte. Ich dachte an Ines, was sie wohl sagen würde, wenn sie einen dieser Automaten sähe, wenn sie eine gelbe oder rosa Kaugummikugel herauszöge oder einen der bunten Flummis.

Mein Vater fuhr manchmal weg, er suchte nach einer Arbeit und als Pianist war das nicht einfach. Er war beschäftigt und oftmals nicht da, immer trug er seinen dunklen Hut, wenn er aus dem Haus ging, und häufig schüchterte er mich ein. Er und die neue Großmutter stritten oft, ihre Stimme wurde dann schrill und seine laut, ich verstand nicht, worum es ging, aber meine Großmutter schien nicht zufrieden mit meinem Vater, das war klar. Und mein Vater hatte zu tun, er musste nach einem Ort für uns suchen, nach einer Arbeit für sich, und er musste für meine Mutter sorgen, die krank war.

Meine Tante Helga kam zu Besuch, sie schenkte mir einen großen Papa Schlumpf aus Plüsch, den ich wunderschön fand. Er kam in meine Spielecke, zu Peter, Kathrin und dem Teddy, deren Bäuche meine Oma zusammengenäht hatte, zu den Flummikugeln und den Schlüsselanhängern aus den Automaten. Die neue Oma wurde schnell unruhig, wenn ich zu laut war oder meine Spielecke verließ, sie sprach genauso weich wie meine Mutter und mein Vater, aber ihre Stimme hatte häufig einen jammernden Ton, sie putzte viel und räumte weg, was im Weg lag.

Abends gingen wir zu den Kunstblumen-Nachbarn, zu den Sträußen im Wohnzimmer, die blühten, wenn wir auf dem Schlafsofa lagen und der Schein der Straßenlaterne ins Zimmer fiel.

6

In Kreuztal wollten uns viele Menschen kennenlernen – die Freunde und Bekannten meiner neuen Oma und der Pfarrer, Menschen, die davon gehört hatten, dass eine Familie aus Ostdeutschland angekommen war, die geflohen und im Gefängnis gewesen war. Sie besuchten uns, und meine Großmutter servierte ihnen Eierlikör oder ein Glas süßen Rotwein. Sie schauten uns an, neugierig, freundlich und mitleidig. Häufig brachten sie mir Spielzeug mit oder Schokolade, Schogetten und manchmal Milka. Sie erkundigten sich, wie es meiner Mutter gehe, die immer noch häufig zum Arzt musste und nur mit Mühe Treppen steigen konnte. Und sie fragten, ob es mir gefalle, hier im Westen, ob ich froh sei, wieder bei Mutti und Vati zu sein. Sie nippten an ihrem Eierlikör oder Rotwein, sie lächelten, sie erwarteten keine Antwort – natürlich gefiel es mir, und natürlich war ich froh, wieder bei Mutti und Vati zu sein.

Dann spielte ich weiter in meiner Spielecke, während die Erwachsenen sich unterhielten, ich ordnete mein Spielzeug, setzte Kathrin und Peter neben den Teddy und Papa Schlumpf und gab acht, dass nichts außerhalb meiner Ecke lag.

Mein Vater wollte mit uns nach Bayern oder nach Baden-Württemberg ziehen. Er bewarb sich um eine Stelle in Schramberg, mitten im Schwarzwald, der Schwarzwald ist schön, sagte er und setzte sich in einen Zug nach Süden, voller Hoffnung, dass unser neues Leben dort beginnen könnte.

Er kam enttäuscht zurück. In der kleinen Musikschule hatte er probeweise den Männerchor dirigiert, und man hatte ihm dann gesagt, er sei überqualifiziert, weil er eine viel größere Schule geleitet und an der Hochschule in Dresden unterrichtet hatte: Sie wollten niemanden, der vielleicht nach drei Jahren weiterzog. Mein Vater konnte ihnen nicht begreiflich machen, dass wir nicht weiterziehen wollten, dass meine Mutter krank war, dass vieles geschehen war und wir Ruhe brauchten und der Schwarzwald genau das Richtige wäre, die Kreisstadt Schramberg inmitten der dunklen Wälder groß und gut genug.

Er suchte weiter, und meine Mutter und ich gingen weiter auf die Spielplätze der kleinen Stadt und in die Drogeriemärkte. Wir verbrachten ganze Nachmittage draußen, wir wollten nicht zurück in die Wohnung der neuen Oma. Meine Mutter freute sich darüber, wie gut ich klettern konnte, sie stand am Rand des Spielplatzes und sah mir zu, sie konnte nicht Ball spielen oder rennen, und auch das Laufen fiel ihr schwer.

Meine Tante Helga kam zu Besuch und machte uns Hoffnung, sie hatte nach ihrer Flucht eine Stelle in Würzburg in Franken gefunden, Franken war ein Teil von Bayern und schön, sie fühlte sich wohl dort und dachte nicht mehr an Leipzig, wo sie groß geworden war, und Ostberlin, wo sie vor ihrer Flucht gelebt hatte.

Es gab noch eine andere Tante, die auch in Kreuztal wohnte. Tante Lisa war klein und hatte schwarze Haare, sie war blind, ihre schlanken, schmalen Hände hielten den ganzen Tag eine Zigarette, sie trank unablässig Nescafé und ging jeden Mittag in die Gaststätte eines kleinen Hotels in ihrer Nachbarschaft. Meine Mutter und ich begleiteten sie manchmal dorthin, die Speisekarte war überwältigend, wir trauten uns kaum, etwas zu bestellen.

Die Tochter der Hotelbesitzer wurde meine Freundin, sie war so alt wie ich und zeigte mir die Zimmer, in denen gerade keine Gäste wohnten, die Wäscheschränke, wir spielten Verstecken und Fangen in den Gängen, die mir endlos lang vorkamen und an deren Ende eine silberglänzende Ritterrüstung aufgestellt war, die wir nicht anfassen sollten.

Mein Vater kam und ging, meine neue Großmutter schaute ihn erwartungsvoll und enttäuscht an, Pianisten hatten es schwer, das hatte sie ihm gleich gesagt, schon als Achtzehnjährigem, als er entschied, Musik zu studieren, und sein Vater ihm einen Flügel schenkte, einen Steinway von 1930, dem Geburtsjahr meines Vaters. Was wollte man als Pianist machen, wie wollte man Geld verdienen? Das hatte die neue Oma immer wieder gefragt, auch als der Großvater gestorben war, keine zehn Jahre nach dem Krieg, und mein Vater mit dem Studium fertig war. Nun war niemand mehr da, der meinen Vater unterstützte und sich freute, wenn er irgendwo ein Konzert gab. Der neuen Großmutter war dieser Künstlersohn unangenehm, sie verehrte den Mann ihrer Tochter Helga, ein Arzt: der beste Beruf, den man haben konnte.

Dass es meinem Vater schwerfiel, eine Arbeitsstelle zu finden, wunderte meine Oma daher nicht. Er konnte nicht üben, denn der Flügel war noch in Leipzig. Meine Eltern hatten ihn vor unserer Flucht eingelagert, der Vorwand war gewesen, dass wir bald nach Dresden hätten ziehen wollen, wo mein Vater ja schon arbeitete. Das Meissener Porzellan hatten sie Freunden aus demselben Grund gegeben, denn wenn die Flucht gelungen wäre, hätten wir all unser Hab und Gut verloren.

Nun war die Flucht nicht geglückt, wir waren freigekauft worden und ordnungsgemäß übergesiedelt. Wir würden also alles bekommen, was wir zurückgelassen hatten, und meine Großmutter in Leipzig tippte endlose Listen mit sechsfachem Durchschlag, auf denen jedes Buch, jede Tasse und jedes Kleidungsstück einzeln aufgelistet werden musste.

Meine Mutter hatte ihre Geige nach ihrer Entlassung aus dem Gefängnis zwar zurückerhalten, konnte aber nicht mehr spielen. Sie konnte den Arm nicht so weit heben, um sie zu halten, deshalb blieb die Geige in ihrem mit braunem Stoff überzogenen Kasten.

Sooft es ging, telefonierten wir mit meiner Großmutter in Leipzig. Gefällt es dir denn im Westen?, fragte sie, und ich erzählte von den Drogeriemärkten, dem Schlumpf und den Kaugummiautomaten.

Vati ist viel weg, sagte ich, er sucht eine Arbeit, aber Mutti hat immer Zeit, wir gehen jeden Tag auf den Spielplatz, wenn es nicht regnet.

Eines Tages im Juni kam mein Vater aus Aachen zurück, er hatte dort endlich eine Stelle gefunden. Leiter einer großen Musikschule, sechzig Lehrkräfte, tausend Schüler, und es gab viel zu tun. Sie engagierten meinen Vater, sie boten ihm eine Verbeamtung an, und das sei gut, sagte er, als Beamter in diesem neuen Land könne einem nichts mehr passieren, man könne nicht entlassen, sondern nur versetzt werden. Es sei wie beim Militär, man bekomme einen Marschbefehl und müsse das machen, was sie einem sagten, aber man habe auf jeden Fall immer Arbeit, auch als Pianist.

Ich stellte mir vor, wie wir in die Stadt ganz im Westen zogen und dann irgendwann einen Marschbefehl bekamen, wieder umzogen und mein Vater irgendwo anders das tun musste, was sie ihm sagten, auf einem Amt oder in einer Schule. Ämter gab es viele in dem neuen Land, so wie in dem alten. Hier aber waren die Leute auf dem Amt freundlich zu uns, meine Mutter war sehr jung und sehr krank, alle wollten uns helfen.

Ich bin Beamter der Stadt, sagte mein Vater, Beamter der Stadt Aachen, bis zu meiner Pensionierung arbeite ich für die Stadt Aachen. Deswegen würden wir auch nicht wieder umziehen müssen, wenn er einen Marschbefehl bekäme.

Mein Vater fuhr immer wieder dorthin, er suchte eine Wohnung und fand ein Einzimmerapartment in einem Studentenwohnheim, für den Übergang, sagte er, bis wir etwas Besseres gefunden haben, es ist ein Anfang.

Im Sommer setzten sich mein Vater, meine Mutter und ich in den Zug nach Köln, wo wir umsteigen mussten, in einen Regionalzug nach Aachen, der langsam fuhr und überall hielt: Horrem, Langerwehe, Eschweiler, Düren, Stolberg – seltsame Namen, alle fremd, sie ertönten aus den Lautsprechern in einem Singsang, den ich nicht kannte. Das Land war flach und braun, die Bahnhöfe sehr klein, nur zwei Gleise, und wenige Menschen stiegen ein und aus.

Es sieht aus wie um Leipzig herum, sagte meine Mutter.

Das ist die Kölner Bucht, sagte mein Vater, der größte Braunkohletagebau Europas, viel sauberer als in Leipzig, keine schmutzigen Briketts, kein Gestank, keine Luftverschmutzung, so was gibt es hier nicht.

Um Leipzig bauen sie minderwertige Braunkohle ab, erklärte er, daraus lassen sich nur noch Briketts machen, die schnell Feuer fangen und dann runterbrennen. Im Süden beginnt die Eifel, im Westen die Ardennen, fügte er hinzu, außerdem sind wir direkt am Dreiländereck, wir können nach Holland und nach Belgien fahren, wir müssen nur un-

seren Pass vorzeigen, ohne Visum geht das. Und am Dreiländereck kannst du mit einem Bein in Holland stehen, mit
dem anderen in Belgien, und dann streckst du die Hand
nach Deutschland aus.

Kurz vor Aachen verrenkte ich mir den Kopf, um zu
sehen, was mein Vater besonders angepriesen hatte: die
Wettersäule auf dem Hochhaus neben dem Hauptbahnhof,
die anzeigte, wie am nächsten Tag das Wetter wurde, eine
Säule aus Leuchtstäben mit einer Kugel obendrauf. Wenn
die Kugel blau ist, wird das Wetter schön, ist sie gelb, regnet
es. Blinkt die Säule nach oben, steigt die Temperatur, blinkt
sie nach unten, sinkt die Temperatur, erklärte er so stolz, als
hätte er die Wettersäule selbst gebaut.

Als der Zug in den Aachener Hauptbahnhof einfuhr, er-
haschte ich kurz einen Blick auf die Säule, die Kugel war
blau, und die Säule blinkte nach oben.

Das Wetter wird schön, wir können uns die Stadt an-
schauen, sagte mein Vater, als wir ausstiegen und in der
Bahnhofshalle standen, die mir klein vorkam, nicht zu ver-
gleichen mit der in Leipzig.

7

Aachen war eine sehr alte Stadt. Mein Vater erzählte von Karl dem Großen und seiner Pfalz, von prächtigen Krönungen und heißen Quellen, in denen schon die Kaiser gebadet hätten. An jeder Ecke gebe es Brunnen, und einer davon sei für Kinder, der Puppenbrunnen, auf dem seien Figuren, deren Köpfe und Gliedmaßen man verdrehen könne.

Erst einmal wohnten wir im Studentenwohnheim in der Welkenrather Straße. Parallel zur Welkenrather verlief eine Bahnlinie, die Züge, die den Aachener Hauptbahnhof in Richtung Westen verließen, nach Belgien oder Holland, fuhren dort entlang. Die Straßen waren auch hier grau, unsere und die Junkerstraße, die Turmstraße, die Schanz, es gab einen kleinen Park, den Westpark, mit einem Teich, auf dem Enten schwammen, die meine Mutter und ich fütterten. Die Haare meiner Mutter waren jetzt viel kürzer und dünner, und sie war immer noch krank. An ihrem Plan hielt sie dennoch fest, sie hatte ihn nicht aufgegeben: endlich wieder Geige spielen können und eine Stelle in einem guten Orchester bekommen. Kommilitonen von ihr, die geflohen waren, spielten in westdeutschen Orchestern, und das wollte sie auch. Sobald es ihr etwas besser ging, begann sie zu üben.

Sie übte, wie mein Vater übte, mit den Rheinländern zurechtzukommen, mit der Verwaltung einer großen Musikschule, mit dem Schulamt, das für ihn zuständig war, und mit seinem sächsischen Akzent, den er loswerden wollte. In Aachen gab es keine Menschen aus Sachsen, es gab Griechen, Italiener, Türken, sie alle waren schon lange da, und Sächsisch hatten viele noch nie gehört.

Du sprichst doch gar nicht Sächsisch, sagte meine Mutter mit ihrer weichen Stimme zu meinem Vater – als hätten wir je Straßenbahnsächsisch gesprochen, empörte sie sich.

Man hört es, sagte mein Vater, und das ist nicht gut.

Bevor er eine Rede halten musste, sprach er sie auf Band, er betonte die Endungen bewusst und gab sich große Mühe mit den harten Konsonanten, die wir weich aussprachen. Seine Reden wurden immer getragener, weil es Zeit brauchte, die Wörter ganz auszusprechen, er übte in unserem kleinen Einzimmerapartment, und meine Mutter und ich hörten ihm zu.

Man muss gut prononcieren, sagte mein Vater, seine Stimme wurde tiefer, sein Redefluss langsamer. Alles, was er sagte, gewann an Bedeutung.

Jeden Morgen ging er in die Musikschule, wo Herr Adrian, sein Verwaltungsleiter, auf ihn wartete. Herr Adrian trug schwere Mäntel und dunkle Hüte, wie mein Vater, ihre Hüte und Mäntel hingen nebeneinander an der Garderobe, und der Verwaltungsmann war so pünktlich und genau wie mein Vater, worüber dieser froh war. Herr Adrian übersetzte ihm, wenn der Rheinländer nicht verständlich war, er machte das höflich und unaufdringlich, und mein Vater sagte, was täte ich ohne ihn.

Manchmal durfte ich mitkommen in die Musikschule, ich saß am Schreibtisch meines Vaters und malte, und die Sekretärin rührte mir Cefrisch in ein Glas Wasser. Ich ging in keinen Kindergarten, das hätte sich nicht gelohnt, weil ich nach dem Sommer eingeschult würde, ich verbrachte die Tage mit meiner Mutter, wann immer wir konnten, verließen wir das Apartment, denn es war eng, und draußen schien die Sonne.

Wir finden bald eine größere Wohnung, sagte mein Vater, erst einmal reicht es.

Es wurde Sommer, und wir fuhren nach Holland und Belgien. Mein Vater hatte ein Buch gekauft, 50 *Mal durch das Dreiländereck*, und wir machten die vorgeschlagenen Ausflüge. An der Grenze reichte mein Vater den Zollbeamten mit großer Geste unsere Pässe, und wenn sie uns durchwinkten, schaute er uns triumphierend an.

Wir können an einem Tag in drei verschiedene Länder fahren, einfach so, und keiner hält uns auf. Das ist Freiheit, sagte er.

Im Laufe des Sommers mieteten meine Eltern ein zweites Apartment in der Welkenrather. Wir hatten nun eins in der sechsten und eins in der ersten Etage, jeweils ein Zimmer mit Kochnische und einem kleinen Bad. In der sechsten Etage gab es eine eingelassene Sitzbadewanne, genauso gefliest wie die Wände. Ich fuhr gern mit dem Fahrstuhl zwischen den beiden Apartments hin und her.

Mein Vater suchte eine neue, größere Wohnung, denn bald sollten die Möbel und vor allem der Flügel kommen, und der passte unter keinen Umständen in eins der Apartments. Ein paar Möbel hatten wir schon, teils von meiner Tante, Klappliegestühle und ein Tischchen. Meine Mutter ging in ein Einrichtungshaus, sie sollte Möbel kaufen, hatte mein Vater ihr aufgetragen. Es waren viel zu viele in dem Möbelgeschäft, und sie kamen ihr teuer vor. Deshalb kaufte sie bloß eine Leiter und einen Eimer, das brauchte man auf jeden Fall.

Zwar war mein Vater Musikschuldirektor und Beamter der Stadt Aachen, aber wir hatten Schulden, denn die

Flucht, obwohl sie missglückt war, hatte Geld gekostet. Meine Tante Helga war vor der Flucht mit einem Koffer voller Geld in die Schweiz gefahren, um zu bezahlen. Sollte die Flucht misslingen, würde sie einen Teil zurückbekommen, das war die Abmachung gewesen. Als mein Vater sich nicht wie geplant aus Westdeutschland gemeldet hatte, wusste meine Tante, dass wir lange Zeit nicht kommen würden, und sie fuhr wieder in die Schweiz, diesmal mit einem leeren Koffer. Der Chef der Organisation wohnte in einer großen Villa, in der er einen Geparden hielt. Meine Tante konnte etwas von dem Geld zurückholen, aber einen Teil behielt der Chef, denn die Flucht hatte ja stattgefunden, auch wenn sie nicht gelungen war. Seine beiden Fahrer waren nicht ins Gefängnis gekommen, sie hatten einen Deal mit den ostdeutschen Grenzbeamten gemacht und alle verraten, die demnächst mit der Organisation fliehen wollten.

Wir mussten Geld an Tante Helga und die neue Oma zurückzahlen und neue Möbel kaufen, während wir auf den Transport unserer Sachen aus Leipzig warteten, wo meine Großmutter Listen tippte.

Meine Eltern sprachen viel darüber, auch mit meiner Tante, wenn sie zu Besuch kam. Bücher und Zeitschriften, die unliebsam hätten sein könnten, hatten meine Eltern vor der Flucht im Ofen verbrannt, sie hatten ein paar Münzen und Briefmarken mitgenommen, und meine Mutter hatte sich einen teuren Ring mit einem großen Stein aus Lapislazuli gekauft.

Weder die Münzen noch die Briefmarken, die wir bei der Flucht im Kofferraum dabeigehabt hatten, waren im Westen viel wert, und mein Vater bekam viel weniger Geld dafür, als er gehofft hatte. Den Ring konnte meine Mutter lange nicht tragen, so geschwollen waren ihre Hände von der Krankheit. Verkaufen wollte sie ihn aber auch nicht.

Den Gesprächen über Geld und Ausfuhrlisten konnte ich nicht folgen. Mir gefielen die Klappstühle mit den orangefarbenen Blumen auf braunem Grund, mir gefielen die Sitzbadewanne und die Aufzugfahrten. Und bald begann die Schule, mein Vater hatte eine für mich ausgesucht. Er hatte darüber mit dem Schulamtsdirektor gesprochen, er hatte gesagt, wir sind ja nicht aus der DDR weggegangen, damit das Kind hier in eine Schule geht, die uns nicht passt. Meine Eltern und ich waren evangelisch, aber der Schulamtsdirektor empfahl die Katholische Grundschule Hanbrucher Straße, auf die solle ich gehen, sie sei ganz klein, nur vier Klassen, und die Direktorin persönlich werde zum letzten Mal vor ihrer Pensionierung eine erste Klasse übernehmen, sie sei eine exzellente Lehrerin.

Ich freute mich auf die Schule, auf andere Kinder und darauf, lesen und schreiben zu lernen. Vor allem freute ich mich auf meine Schultüte, und irgendwann sah ich sie auf dem Schlafzimmerschrank liegen, den meine Eltern inzwischen gekauft hatten und der eins der beiden Apartments in der Welkenrather Straße fast ganz ausfüllte.

8

Doch erst einmal war Sommer, unser erster Sommer im Westen, und wir machten Urlaub in Italien. Niemand aus unserer Familie war je in Italien gewesen, in unserem alten Leben waren wir nach Thüringen und ins Erzgebirge gefahren, einen Ferienplatz an der Ostsee hatten wir nie bekommen. Meine Eltern waren auf Hochzeitsreise in Sotschi am Schwarzen Meer gewesen, dort hatten sie Palmen gesehen und den Strand. Erst viel später fand ich heraus, dass mein Urgroßvater nach Italien gereist war, siebzig Jahre zuvor. Er war mit dem Schiff von New York nach Genua gefahren, wir nahmen einen Reisebus an die Adriaküste.

Es waren endlose Stunden in Richtung Süden, durch die Schweiz, wo wir staunend die Alpen auftauchen sahen, Berge so hoch, wie ich sie noch nie gesehen hatte, schneebedeckt, dann durch den Gotthard-Tunnel und vorbei am Luganer See. Das Land wurde flacher und lieblich, das Licht veränderte sich, Bologna, die ersten Palmen und dann bei Rimini das Meer, unerhört, ungesehen, eine weite blaue Fläche, die irgendwo in der Ferne mit dem Horizont verschwamm. 250 Kilometer führte die Straße von Rimini nach Montesilvano am Meer entlang, und wir konnten uns nicht sattsehen an dem großen Blau, an dem hellen Strand, übersät mit bunten Sonnenschirmen.

Dieser Süden mit Meer, Strand und Palmen sah so anders aus als alles, was ich kannte, seine Farben leuchteten.

Montesilvano war ein Küstenort in der Nähe von Pescara,

und das Hotel Serena Majestic hatte Meerblick, es erhob sich groß und imposant über dem Strand. Vom Balkon sahen wir morgens dunkelhaarige junge Männer Sonnenschirme aufstellen und Liegen danebenschieben, wir sahen die ersten Gäste, die schon vor dem Frühstück nach einem Platz fragten und abgewiesen wurden. Die Jungen liefen zwischendurch ins Meer, nass kamen sie zurück an den Strand, und die Wassertropfen glitzerten auf ihrer braun gebrannten Haut.

Wir blieben drei Wochen, hatten Vollpension, und mein Vater hatte auf der Hinreise gesagt, der Italiener isst gern Makkaroni und Pizza, hoffentlich wird uns das nicht langweilig, jeden Tag Nudeln. Ich mochte Nudeln, meine Mutter kochte manchmal Makkaroni, dazu gab es Fleischwurst, Ketchup und Reibekäse, ich hätte das drei Wochen lang essen können.

Im Serena Majestic gab es morgens ein reichhaltiges Frühstücksbüfett und abends ebenfalls Büfett, man konnte sich aussuchen, was und wie viel man essen wollte, und es gab kaum Nudeln: Fleisch, Fisch, Kartoffeln und Gemüse lagen in großen Warmhaltebehältern auf langen Tischen.

An mir verdienen die nichts, sagte mein Vater, wenn er zum dritten Mal zum Büfett ging.

Wir verbrachten die Tage am Strand, meine Mutter cremte mich immer wieder mit Sonnenmilch ein, und mein Vater trug einen Strohhut, den er sich tief ins Gesicht zog. Er saß auf seiner Liege und las in einem Buch oder der deutschen Zeitung, die im Hotel auslag. Nachmittags zündete er sich eine Pfeife an, und manchmal ging er ins Meer. Ich badete, wann immer und so lange ich durfte. Ich konnte noch nicht schwimmen, deshalb ging meine Mutter mit und ermahnte mich, in der Nähe des Ufers zu bleiben. Die Adria war ganz flach, man musste weit hinauslaufen, damit einem das Wasser überhaupt bis zum Bauch reichte. Es war bräunlich von dem Sand, auf seiner Oberfläche schwammen Schlieren von Sonnencreme, und die Lippen wurden trocken und salzig. Wir suchten Muscheln, wir machten einen Umweg um die Algen, die an einigen Stellen wucherten, und wenn irgendwer eine Qualle gesichtet hatte, verbreitete sich die Kunde schnell über den ganzen Strand. Meistens holte sie einer aus dem Wasser und legte sie auf den Sand, wir standen dann um sie herum und bestaunten das glibberige Etwas.

Mittags war der Sand so heiß, dass ich mir die Füße verbrannte, wenn ich von unserer Liege zum Wasser ging, ich rannte dann, so schnell ich konnte, ich hüpfte und war froh, wenn ich das Wasser erreichte und meine Füße kühlen konnte. Strandverkäufer mit Kokosnüssen in großen Schüsseln kamen vorbei, ich erwartete sie sehnsüchtig und kaute dann lange auf den exotisch schmeckenden Stücken herum, deren Geschmack sich mit dem Salz auf meinen Lippen vermischte. Es schmeckte besser als jedes Eis.

Wir liebten den breiten, überfüllten Sandstrand mit den bunten Sonnenschirmen und Liegen, wir liebten das Meer und vor allem die Palmen. Sie waren der Inbegriff von Süden, wir bewunderten die kleinen und die großen, wir staunten, wenn sich ihre grünen Wedel langsam in der Sommerhitze bewegten. An den Nachmittagen, wenn es am heißesten war, hörten wir die Grillen zirpen, manchmal ohrenbetäubend laut, und wir wurden träge, die Zeit schien stehen zu bleiben, es gab nur noch das Meer, den Strand, den blauen Himmel.

Abends gingen wir nach dem Essen in den kleinen Ort Montesilvano, dessen Häuser im Vergleich zu den vielstöckigen weißen Hotels in Kastenform, die sich dicht an dicht entlang des Strandes drängten, winzig wirkten. An der Promenade stand ein Karussell, mit dem ich jeden Abend fahren durfte, und den ganzen Tag dachte ich darüber nach, auf welche der bunten Figuren oder Fahrzeuge ich steigen wollte.

Schon von Weitem tönte uns scheppernd die Musik entgegen, immer das gleiche Lied, wenn sich die Tiere und Autos in Bewegung setzten, Stunde um Stunde, Abend um Abend. Wir summten das Lied tagsüber, vor dem Einschlafen und nach unserer Rückkehr am Ende des Sommers, es blieb uns wie die Muscheln, die wir am Strand gefunden hatten, und der Sand im Urlaubskoffer.

9

Der Tag meiner Einschulung war sonnig, ich trug ein blau-gelb kariertes Kleid, und meine Tante Helga und die neue Oma kamen zu uns. Sie konnten bei uns übernachten, wir hatten ja nun zwei Apartments und genügend Klappliegen.

Die Schuldirektorin, die auch meine Klassenlehrerin war, hieß Walburga Jansen. Sie begrüßte uns, wir Mädchen bekamen ein orangefarbenes Kopftuch, die Jungen eine orangefarbene Kappe, die sollten wir auf dem Schulweg tragen, damit wir I-Dötzchen im Straßenverkehr auffielen. I-Dötzchen war das erste fremde Wort, das ich lernte. Viele weitere sollten folgen, in dem rheinischen Singsang, den nicht nur Walburga Jansen sprach. I-Dötzchen war selbst-erklärend, und mein Vater freute sich über das Wort, er verwendete es häufig, wenn er von mir sprach.

Mein Vater betrachtete die neue Umgebung und die Menschen in ihr wie ein Kuriositätenkabinett, das er kennenlernen wollte. Der Rheinländer, sagte er, und später der »Öcher« – er ahmte dabei den örtlichen Dialekt nach, was ihm nie gelang –, macht dies und macht das, er hat ein fröhliches Naturell.

Er führte alle Gäste zum Geldumlaufbrunnen in der Innenstadt, auf dessen steinernem Rand Bronzestatuen standen, die sich gegenseitig Geld zusteckten, und erklärte den Auswärtigen, diese Gesichter seien typisch für den »Öcher«, so sähen sie aus, was weder stimmte noch besonders schmeichelhaft war. Nur Herrn Adrians Gesicht erinnerte mich an die Figuren vom Geldumlaufbrunnen, und ein wenig auch das von Walburga Jansen.

Am ersten Schultag saß ich auf einer der Holzbänke ganz hinten im Klassenzimmer, weil ich ziemlich groß für mein Alter war und die kleineren Kinder vorn sitzen sollten. Neben mir saß ein koreanisches Mädchen, das meine beste Freundin wurde, sie hieß eigentlich Nok-Jong, aber ihre Eltern hatten den Namen zu Younga eingedeutscht. Nach der ersten Stunde setzte sich Walburga Jansen an das Klavier, das in unserem Klassenzimmer stand, und brachte uns ein Lied bei:

Vür sönd allemoele Öcher Jonge
Weä jett well, deä ka jo komme

Heierassassa, vallerallala
Stecke en Jeweähre met ene Wißquaaß dra.
Laderitschumdei, nojjene Paaß ereen!
Laderitschumritschumritschumritschumdei – juchei!

Ein äußerst schwieriger Text, aber ich hatte ein gutes Gedächtnis und konnte meinen Eltern das Lied am Mittagstisch vorsingen.

Mein Vater lachte und sagte, ich solle ruhig fragen, was es denn bedeute. Meine Mutter war beunruhigt, was für ein Lied war das, und wieso lernten wir es am ersten Schultag?

Wir hatten auch ein paar Reihen kleiner i auf unsere Schiefertafeln geschrieben, aber das Lied war ohne Frage wichtiger. Einige Kinder hatten gleich mitsingen können.

Der Schulamtsdirektor klärte meinen Vater auf: Die Katholische Grundschule Hanbrucher Straße hatte so einen guten Ruf, dass sie die Garde des Kinderprinzen im Karneval stellte, und darum mussten die Schülerinnen und Schüler früh anfangen zu proben, um dann im Zug des Prinzen mitzulaufen. Dieses Lied war das Lied der Stadt im Karneval, eine Art Aachener Nationalhymne.

In Leipzig gibt es keinen Karneval, in Aachen ist er die fünfte Jahreszeit, erklärte mein Vater, er hatte das von irgendwem gehört und sich gemerkt wie alles, was die neue Heimat betraf.

Meine Mutter und ich rätselten lange, was eine Wißquaß sein könnte und ob das Laderitschumdei irgendeine Bedeutung hatte. Wir fanden es nicht heraus, weil ich nicht nachfragen wollte, da alle anderen Kinder wie selbstverständlich mitsangen, auch Younga.

Der Weg zur Schule beschäftigte mich, denn morgens ging ich schon bald allein, ich blieb an jeder Straße lange stehen und schaute immer wieder nach links und nach rechts, bevor ich sie überquerte. Meine Schiefertafel mit all den i und e und o in ordentlichen Reihen beschäftigte mich, ich schrieb mit dem kratzenden Griffel darauf und wischte danach alles mit dem orangefarbenen Schwamm weg, der an der Tafel hing. Und die Karnevalslieder, ihre ungewohnten Texte beschäftigten mich, die wir ausdauernd im Unterricht sangen.

Es ist schön in der Schule, ich habe schon eine Freundin gefunden, die kommt aus Korea, heißt Younga und sitzt neben mir, erzählte ich meiner Leipziger Großmutter am Telefon.

Sobald ich die ersten Wörter beherrschte, schrieb ich ihr Briefe, »Oma am Baum«, stand da, der Baum war gemalt. Darunter zeichnete ich die Biene Maja und Willi.

Einmal in der Woche fuhr ich nachmittags mit meinem Vater in die Musikschule, ich besuchte die musikalische

Früherziehung, wir sangen und musizierten auf Orff-Instrumenten. Und Blockflöte spielte ich – bis der Flügel da ist und du Klavierunterricht bekommen kannst, sagten meine Eltern. Ich freute mich darauf, denn die Töne der Blockflöte waren dünn und häufig falsch, kaum gelang es mir, darauf ein paar Lieder zu spielen.

Wieso gibt man den Kindern nur immer erst mal eine Blockflöte?, fragte mein Vater.

Dieses Gefiepe klingt traurig, sagte meine Mutter.

Das Klavier war viel schöner, davon war ich überzeugt, mein Vater würde mich unterrichten, und dunkel erinnerte ich mich an den Steinway aus unserer Leipziger Wohnung, der riesig und schwarz gewesen war und laut, wenn mein Vater darauf gespielt hatte.

Manchmal wenn ich nach dem Musikunterricht im Büro meines Vaters darauf wartete, dass wir nach Hause fuhren, sah ich seine Kollegen, die freundlich zu mir waren und meinen Vater anschauten wie ein exotisches Tier, das nicht zu bändigen war.

Da waren Herr Bastin aus Belgien mit seinem französischen Akzent und Herr Bachmann, der viel über Wasseradern, Wünschelruten und Akupunktur sprach und verträumt aus sehr hellblauen, wässrigen Augen in die Welt blickte.

Wie soll ich diesen Leuten vermitteln, was ich aus der Musikschule machen will, fragte mein Vater, wenn wir im Auto saßen. Die Rheinländer nehmen es nicht so genau, kommst du heute nicht, kommst du morgen.

Mein Vater war anders, er war aus einem Land geflohen, in dem man vorsichtig sein, auf jedes Wort achten musste. Alles war von Bedeutung, im Guten wie im Schlechten.

In Aachen war das Leben leichter, es war manchmal einfach nur schön. Aber mein Vater nahm auch hier alles sehr genau, er war der Fremde, hatte eine kranke Frau und ein kleines Kind, er war schon fünfzig und musste von vorne beginnen.

Die verstehen mich einfach nicht, sagte er, startete den Wagen und seufzte. Dann seufzte ich auch und schwieg, ich mochte unsere Autofahrten zu zweit, die zehn Minuten von der Musikschule zurück nach Hause, wo meine Mutter mit dem Abendbrot auf uns wartete.

10

Immer noch stand mein Vater mit dem Bundesministerium für innerdeutsche Beziehungen in Kontakt, er fragte nach Einreisemöglichkeiten in die DDR und Besuche meiner Großmutter im Westen, aber die Beamten machten ihm wenig Hoffnung. Ich hätte allein nach Leipzig reisen können, war jedoch zu klein dafür.

Die Menschen im Ministerium brachten meinen Vater auf die Idee der kommunistischen Drittländer, in die meine Großmutter und auch meine Eltern reisen durften. Allerdings war das nicht unkompliziert. Entweder musste man eine Reise im Reisebüro buchen, das dann die Visumsfrage klärte, oder man brauchte eine offizielle Einladung einer Privatperson, mit der man ein Visum für das jeweilige Land beantragen konnte.

Meine Großmutter hatte eine Freundin in Budapest, Aranka, und Aranka schickte uns eine Einladung, sie im Herbst 1979, in meinen ersten Schulferien, zu besuchen. Meine Großmutter beantragte auf dem Volkspolizeikreisamt eine Reiseanlage für Ungarn. Sie durfte nur wenig DDR-Mark pro Tag in Forint umtauschen, und wir mussten eine ganze Menge an D-Mark in Forint umtauschen. Meine Großmutter hatte viel zu wenige Forint, wir viel zu viele.

Meine Eltern freuten sich auf die Reise, so wie ich auch, aber da war eine Nervosität, die ich deutlich spürte. Wir fuhren in den Osten, zwar nicht in die DDR, aber doch in den Osten, und sie fühlten sich nicht sicher.

Dass alles sicher war, war meinem Vater wichtig, er schloss unsere Wohnungstür sorgfältig ab, er schnallte sich an und achtete darauf, dass das auch alle anderen taten, wenn wir mit dem Auto fuhren, er beachtete die Verkehrsregeln und erklärte mir die Schilder am Straßenrand. Sicher war auch, was man versichern konnte: das Auto, die neuen Möbel oder Elektrogeräte, die Gesundheit.

Die Reise nach Ungarn war unsicher, was dort auf uns zukam, war nicht abzuschätzen.

Mein Vater schärfte mir vorher ein, mich unter keinen Umständen von meinem Pass zu trennen und immer daran zu denken, dass ich Bürgerin der Bundesrepublik Deutschland sei und nach deren Botschafter fragen könnte, falls wir getrennt würden. Ich sollte nichts sagen, außer dass ich Bundesbürgerin sei und den Botschafter sprechen wolle. Mir könne nichts passieren, solange ich meinen Kinderausweis hätte und diese zwei Sätze sagte.

In meiner Fantasie malte ich mir wilde Szenen aus. Darin irrte ich allein durch Budapest, die Stadt, die eigentlich zwei Städte war, Buda und Pest, das hatten meine Eltern mir erklärt, und bei dem Namen Pest gruselte es mich, ich stellte mir eine schwarze Stadt vor mit düsteren, engen Straßen, durch die ich allein lief, meinen hellgrünen Kinderausweis fest in der Hand, den mir Polizisten oder Soldaten wegnehmen wollten. Sie hatten ihre Schäferhunde dabei, sie hatten Pistolen und Gewehre und schauten grimmig, als sie versuchten, mir den Pass aus der Hand zu reißen, aber ich ließ nicht los, ich klammerte mich daran fest und sagte immer nur die zwei Sätze, ich bin Bundesbürgerin, ich will den deutschen Botschafter sprechen. Der würde dann kommen und so aussehen wie die Lehrer aus der Musikschule, freundlich und immer lächelnd, er würde die bösen Soldaten wegschieben und mich mit in die Botschaft nehmen, wo ich in Sicherheit wäre, denn dort wäre nicht mehr Ungarn, sondern die Bundesrepublik, das hatte mein Vater mir erklärt, und in der Bundesrepublik war ich sicher.

Wir zählten die Tage, bis es endlich losging, meine Mutter hatte ihre Mutter seit über einem Jahr nicht gesehen, die Besuche im Gefängnis waren kurz gewesen, man hatte nicht richtig sprechen können, weil immer einer zuhörte. Diese gemeinsamen Tage waren die erste Möglichkeit, sich wirklich zu erzählen, was passiert war seit jenem Februartag vor zweieinhalb Jahren. Im Gefängnis und danach in Westdeutschland, in Kreuztal und Aachen, Orte, die meine Großmutter nie gesehen hatte.

Ich erinnere mich nicht mehr an Budapest, ich erinnere mich auch nicht an das Flugzeug, in das wir stiegen, obwohl es mein erster Flug war, ich weiß nicht mehr, was wir in dieser Woche gesehen oder gegessen oder getan haben, ich erinnere mich nicht an die Straßen von Buda oder die von Pest.

Ich erinnere mich nur an den Moment, als wir vor der Wohnungstür von Aranka standen und meine Großmutter uns öffnete: Sie stand da und lächelte, wie sie in Leipzig auf dem Bahnhof gelächelt hatte, hinter ihr Aranka, klein und stämmig, und die Wohnung wie eine Höhle, mit schweren, bunten Teppichen ausgelegt und dunklen Vorhängen vor den Fenstern, die kaum Licht hereinließen.

Meine Großmutter umarmte mich fest und lange, und ich machte mir keine Sorgen mehr um meinen Kinderausweis oder die Soldaten von Buda und Pest. Hier, in Arankas Wohnung, waren wir in Sicherheit.

II

Meine Mutter übte auf ihrer Geige, sie war diszipliniert, sie kämpfte jeden Tag gegen die Steifheit ihrer Finger, die Müdigkeit ihrer Arme und gegen das Gefühl von Fremdheit. Die Ärzte sagten, es sei ein Glück, dass sie wieder laufen und die Geige halten könne, und meine Mutter hoffte, dieses Glück und viel Disziplin könnten dafür sorgen, dass sie wieder so spielte wie vor der Flucht. Oft hatte die Geige einen klagenden Ton, von einem Moment zum anderen konnte aus Jubel Trauer werden und Vorwurf, der Vorwurf, dass die Finger nicht mehr schnell genug waren, die Töne nicht mehr strahlten.

Mein Vater vergrub sich in der Musikschule, im westdeutschen Verwaltungsrecht, das er nicht kannte, er stritt mit seinem Stellvertreter und mit seinen Fachbereichsleitern, die alles leichter nahmen als er. Herr Adrian vermittelte, aber oft half das nicht, weil mein Vater penible Vorstellungen hatte, wie diese Musikschule funktionieren sollte. Er kam entsetzt und bitter belustigt nach Hause, er wunderte sich über Lehrkräfte, die Musikunterricht als Spaß für die Kinder ansahen und sich an falschen Tönen nicht störten, die vom Gemeinschaftserlebnis und nicht vom Üben sprachen. Er versuchte, ernst zu bleiben, als ihm Herr Bachmann, der Kollege mit den wässrig blauen Augen und der sanften Stimme empfahl, eine potenzielle neue Wohnung mit der Wünschelrute nach Wasseradern abzusuchen.

Könnt ihr euch das vorstellen?, fragte er, könnt ihr euch so etwas vorstellen?

Konnten wir nicht, wir hörten ihm nur zu, wenn er mit neuen Geschichten über den Rheinländer nach Hause kam. Mein Vater hatte in der DDR an der Hochschule in Dresden unterrichtet und zuvor ein Musikkonservatorium mit Internat in Halle geleitet, das Schülerinnen und Schüler auf ein Musikstudium vorbereitete. Spaß war kein Faktor gewesen, Disziplin und eine Auswahl der Begabtesten standen im Vordergrund. Mein Vater hatte in Halle gegen alle Widerstände eine Partnerschaft mit einem Musikkonservatorium in Leningrad aufgebaut, er liebte die Stadt und seine Freunde dort, er war ein Vertreter der russischen Schule, wie seine neuen Westkollegen über ihn sagten.

Ich schrieb in der Katholischen Grundschule weiter Buchstaben auf meine Schiefertafel, ich rechnete und lernte Karnevalslieder, denn bald begann ja schon die fünfte Jahreszeit, wie alle sie nannten: am 11. November, dem Tag, an dem meine Großmutter Geburtstag hatte und der für uns nicht fröhlich war, weil wir nicht bei ihr sein konnten. Mit der Klasse besuchte ich das Öcher Schängsche, ein Marionettentheater für Mundart, das Öcher Platt. Ich verstand kein Wort. Das Schängsche war ein frecher Junge, vergleichbar mit Pinocchio, der jede Menge Streiche spielte. Ich lachte, wenn die anderen lachten, und war insgeheim froh, dass meine Freundin Younga auch nicht viel verstand.

Irgendwann im November bestellte Walburga Jansen meine Mutter in die Schule. Es war kein Elternsprechtag, und meine Mutter wollte von mir wissen, ob etwas vorgefallen sei. Ich zuckte mit den Schultern.

Ihre Tochter beißt und kratzt, eröffnete die Direktorin meiner Mutter, das geht so nicht.

Aber wieso, fragte meine Mutter, sicher nicht ohne Grund?

Es kommt schon mal vor, dass die anderen Kinder darüber lachen, wie Ihre Tochter spricht, sagte Walburga Jansen vorsichtig. Das dürfen sie natürlich nicht, ich greife dann auch ein, aber Kratzen und Beißen ist verboten.

Meine Eltern redeten sehr ernst mit mir, und ich versprach, es nicht mehr zu tun. Ich hatte immer gekratzt und gebissen, wenn ich wütend war, im Kinderheim und dann auch im Leipziger Kindergarten. Wieso durften die anderen Kinder über mich lachen?

Das dürfen sie nicht, sagte meine Mutter, sag Frau Jansen Bescheid, wenn das passiert, aber du darfst auf keinen Fall kratzen und beißen.

Den sächsischen Einschlag gewöhnte ich mir danach schnell ab, viel schneller als meine Mutter und mein Vater, der immer noch mit seinem Tonbandgerät übte. In der Schule und überall draußen hörte ich den Aachener Singsang, und manche älteren Leute sprachen noch Öcher Platt. Zu Hause verschluckten meine Eltern die letzten Silben und sprachen alle Konsonanten weich aus.

In der Schule redeten wir über den Karneval oder die Süßigkeiten, die an dem kleinen Kiosk an der Ecke für zehn Pfennig verkauft wurden, zu Hause wurde über die DDR gesprochen, über Leipzig, wer wann ausreisen würde und uns besuchen käme, wer was in Briefen geschrieben oder am Telefon gesagt hatte und was das bedeutete – Nachrichten, nicht offen ausgesprochen, aber trotzdem an uns gerichtet.

Das erste gemeinsame Weihnachtsfest im Westen feierten wir im Schwarzwald, in Höchenschwand. Meine blinde Tante fuhr häufig dorthin, sie machte Kuren oder Urlaub, die Höhenluft tat ihr gut, denn Höchenschwand im Südschwarzwald ist der höchstgelegene Kurort in Deutschland, erklärte mein Vater. Wir fuhren alle hin – meine neue Oma aus Kreuztal, Tante Helga, meine Eltern und ich.

Der Ort versank im tiefen Schnee, überall leuchteten Weihnachtslichter an den Tannenbäumen, und ich hätte am liebsten den ganzen Tag draußen verbracht. Kein Vergleich mit dem braunen Matsch, den ich aus Leipzig kannte, mit den Bergen im Hintergrund sah es hier wie in einer Märchenlandschaft aus. Meine Mutter war noch nicht wieder gut zu Fuß, und meine blinde Tante wollte nicht laufen, und so saßen wir Stunde um Stunde in Schwarzwaldstuben beisammen und redeten. Die Tante zündete sich eine Zigarette nach der anderen an, und der weiße Rauch waberte durch den Raum.

Meistens ging es um die DDR, häufig um den Gefängnisaufenthalt meiner Eltern, um die Menschen, die zurückgeblieben waren und die wir nun nicht mehr sehen konnten, um das unerreichbare Leipzig.

Stell dir vor, wenn du in Leutzsch in die Rathenaustraße fährst, da kommst du an dem kleinen Platz vorbei – wie hieß der noch?, begann mein Vater.

Du meinst die Kreuzung mit der Bienitzstraße, sagte meine Tante.

Nein, nein, etwas weiter, der kleine Platz an der Pfingstweide, die hieß mal Bülowstraße, wenn du da abgebogen bist. Da war damals der Schuster, weißt du noch?

Nein, das war kein Schuster, da war eine Schneiderin, die hat mein Hochzeitskleid genäht.

Die Schneiderin war vorn in der Georg-Schwarz-Straße.

Georg-Schwarz-Straße?

Die hieß vorher Schlageter, die wurde doch dauernd umbenannt.

Welche Straßenbahn fuhr da? Die Neun?

Nein, die Sieben. Jetzt noch mal von vorn, du fährst die Rathenaustraße, die hieß bei den Nazis Graf-Spee-Straße …

So konnte es lange gehen, und alle hörten gebannt zu, es war eine Besichtigung der verlorenen Stadt, die mir bald vertraut wurde, weil diese Gespräche sich bei jedem Besuch und jedem Treffen wiederholten, ich konnte stundenlang zuhören, sie beruhigten mich, ihr Rhythmus, ihr Ton, auch wenn ich die Straßennamen nicht kannte, nicht wusste, wie die Straßen vor 33 und nach 45 geheißen hatten, wie sie aussahen oder wer dort entlanggegangen war. Mein Radius in Leipzig war der eines Kindergartenkindes gewesen, und ich hörte zu, ohne folgen zu können.

Mein Vater und seine Schwester behaupteten, kein Heimweh nach Leipzig zu haben, nach dieser Stadt, die immer mehr verfiel: Ganze Häuserzüge wurden nach und nach unbewohnbar, weil die Dächer nicht repariert wurden, die Leute mussten ausziehen, erst in den oberen Etagen, dann auch in den unteren. Es stank nach Braunkohle, auf der Elster trieben übel riechende Schaumberge, der Asphalt war löchrig, die Tauben nisteten überall, darüber sprachen mein Vater und meine Tante. Sie verglichen die graue Stadt mit ihren neuen Städten, mit Aachen und Würzburg, mit sauberen Straßen und frisch verputzten Häusern, mit gepflegten Grünflächen (das Stadtgebiet von Aachen hat 52 Prozent Grünfläche, sagte mein Vater stolz, als hätte er selbst Büsche und Bäume gepflanzt). Nein, sie vermissten die graue Stadt nicht.

Aber in Gedanken waren sie oft dort und fuhren die Straßen ab, in denen sie so lange gelebt hatten, sie erinnerten sich an Plätze, Kreuzungen und Geschäfte, die es längst nicht mehr gab, an Freunde, die da oder dort gewohnt hatten, sie beschworen den Ort herauf, an den sie nicht zurückkehren konnten, nicht einmal für ein paar Stunden.

Irgendwann viel später – auf einer Reise zu meiner Groß-mutter – besorgte ich mir einen Stadtplan von Leipzig, um diesen Gesprächen folgen zu können.

12

Nach Silvester fuhren wir zurück nach Aachen. Dort war der Schnee braun und matschig, er taute schnell und hinterließ Spuren von Streusalz auf feuchten Straßen und Gehwegen.

Maritimes Klima, sagte mein Vater, hier kommt das Wetter von der Nordsee, richtig kalt wird es nicht, da bleibt kein Schnee liegen. In Leipzig dagegen Kontinentalklima, kalte Winter, heiße Sommer, wenig Niederschläge.

In Aachen schmolzen die letzten Schneereste, und unsere Sachen aus Leipzig fehlten immer noch. Sie konnten erst kommen, wenn wir eine neue Wohnung hatten, in die zwei Apartments in der Welkenrather Straße würden sie nicht passen.

Bei der Wohnungssuche, die hier einfacher war als in Leipzig, halfen uns viele, und so fand mein Vater eine Wohnung in der Lütticher Straße, einer Ausfallstraße nach Belgien. Es war eine Erdgeschosswohnung mit fünf Zimmern, neben Küche und Bad Wohnzimmer, Schlafzimmer, Kinderzimmer, Gästezimmer und ein großes Musikzimmer, in das der Flügel kommen sollte. Eine ehemalige Sozialwohnung, in den 1930er-Jahren erbaut, deren Nachteil war, dass man sich um die Beheizung selbst kümmern musste. Es gab Anschlüsse für Öfen, mehr nicht. Meine Eltern waren an Ofenheizungen und schlechte Briketts gewöhnt, und wieder waren die Menschen in unserer Umgebung hilfsbereit – es fand sich jemand, der gerade Zentralheizung bekam und seine alten Kachelöfen abgeben wollte.

Die neue Wohnung in der Lütticher war die größte, die wir je hatten, und mir kam sie riesig vor. Ein eigenes Musikzimmer und ein Gästezimmer, damit meine Tante aus Würzburg und die Oma aus Kreuztal bei uns übernachten konnten. Oder Besuch aus Leipzig, Freunde, die vielleicht eine Besuchserlaubnis bekämen oder als Rentner reisen könnten.

Wir zogen in die Lütticher Straße, und endlich kamen unsere Sachen mit einem Transport aus Leipzig an. Der Flügel stand wieder da, er hatte ein paar Kratzer abbekommen, aber die sah ich nicht, schwarz und groß dominierte er das Musikzimmer so wie früher die Leipziger Wohnung, bevor das alles passiert war.

Die Wohnung wurde eingerichtet mit den neuen Möbeln, die meine Eltern inzwischen gekauft hatten, und den alten aus Leipzig, schwere dunkle Stücke, die mein Vater von seiner Mutter, der neuen Oma, bekommen hatte. Es gab einen Sessel mit zwei geschnitzten Eisbären als Lehnen, auf der Vitrine lag ein Löwe aus dem gleichen schwarzen Holz, an der Stehlampe kletterten Papageien empor, und an der braunen Pendeluhr mit dem Ziffernblatt aus Messing, die jede Viertelstunde wie Big Ben schlug, hing an jeder Seite ein Affe.

Die Öfen wurden angeschlossen, der Flügel gestimmt, und ich begann Klavier zu spielen. Mein Vater versuchte eine Zeit lang, mir Unterricht zu geben, hatte aber keine Geduld mit mir. Wenn ich unaufmerksam war oder Fehler machte, wenn ich nicht genug geübt hatte, wurde er ärgerlich.

Reiß dich zusammen, sagte er, noch einmal, das kannst du besser.

Schließlich bekam ich Unterricht in der Musikschule,

bei einer Lehrerin, die mein Vater für geeignet hielt. Oft unterrichtete sie mich bei sich zu Hause, und ich liebte diese Nachmittage, weil ich nach der Klavierstunde bleiben und mit ihren vier Kindern spielen durfte. Sie hatten einen riesigen schwarzen Neufundländer, und überhaupt ging es bei ihnen anders zu als bei uns.

Erika, die Klavierlehrerin, und ihr Mann träumten davon auszusteigen, sie wollten einen Bauernhof in Schweden kaufen und machten Schwedischkurse an der Volkshochschule. Sie aßen vor allem Lebensmittel aus den Demeter-Läden, die meine Eltern verachteten – wer wollte schrumpelige Äpfel kaufen, wenn im Supermarkt die ansehnlichen prallroten sogar günstiger waren? Bei Erika und ihrem Mann gab es wenig Regeln für die Kinder, und am schönsten war der Erste Mai: Da durfte man mit Strumpfhose in die Badewanne gehen. Meine Eltern verstanden nie, was daran großartig sein sollte. Einmal machten wir zusammen ein paar Tage Urlaub in Österreich auf einem Bauernhof, was ich wunderbar fand, wir spielten stundenlang im Heu, und niemand beaufsichtigte uns. Mein Vater und Erika mussten einen neuen Flügel für die Musikschule anschaffen, sie fuhren zu Bösendorfer, sie diskutierten endlos über Klangqualität und den Ton, während wir schmutzig durch die Ställe liefen und abends müde in die Betten fielen. Schließlich kaufte mein Vater einen Steinway, und aus dem Bauernhof in Schweden und dem Traum vom Aussteigen wurde auch nichts, stattdessen kauften Erika und ihr Mann später ein verfallenes Haus in Belgien, das jahrelang restauriert werden musste und im Winter bitterkalt blieb.

Ich mochte sie, den schwarzen Neufundländer, der mich zur Begrüßung beinahe umwarf, wenn er mir die Pfoten auf die Schultern legte, den schmalen, verwilderten Garten, in dem wir stundenlang spielten. Nur die schrumpeligen Äpfel mochte auch ich nicht, wie mein Vater verstand ich nicht, wieso man so etwas kaufte. Und mir schmeckten die krümeligen Kekse nicht, die gar nicht richtig süß waren, ich merkte bald, dass das Süßigkeitenfach bei mir zu Hause den Neid der Kinder meiner Klavierlehrerin auf sich zog: voller Schokolade, Bahlsen-Kekse und Gummibärchen, und vor allem durfte ich mich dort relativ frei bedienen.

Eine gute Klavierlehrerin, sagte mein Vater, da lernst du was, aber ein bisschen seltsam ist sie schon.

13

Mein erster Karneval: von Donnerstag, der Fettdonnerstag hieß, bis Dienstag, der Veilchendienstag hieß, herrschte Ausnahmezustand. Mein Vater ließ sich von seiner Sekretärin eine ausrangierte Krawatte abschneiden. Herr Adrian hatte ihn vorgewarnt, dass das dazugehörte und dass ab 11 Uhr 11 nicht mehr gearbeitet würde. Herr Adrian legte meinem Vater nahe, die Arbeit an dem Tag einzustellen oder etwas zu tun, was keinerlei Kommunikation erforderte. Auch die Schule war an diesem Tag um 11 Uhr 11 zu Ende, und meine Familie saß ratlos zu Hause. Die Kostüme für die Garde des Kinderprinzen hatten wir in der Schule gebastelt: Wir würden als Zwiebeln gehen.

Wieso braucht der Kinderprinz Zwiebeln als Begleitung?, fragte mein Vater, worauf ich keine Antwort wusste.

Wir trugen einfach eine große rot und blau bemalte Pappzwiebel vor dem Bauch und eine zweite auf dem Rücken.

Und wenn es regnet, fragte meine Mutter, du kannst doch nicht stundenlang durch den Regen laufen.

Zieh dich drunter warm an, sagte mein Vater, ich glaube, das Wetter spielt keine Rolle.

Womit er recht hatte, es spielte keine Rolle beim Zug des Kinderprinzen am Tulpensonntag, dem Tag vor Rosenmontag, an dem der Kinderzug durch die Stadt lief.

Wir Zwiebeln liefen einem geschmückten Wagen hinterher, auf dem ein als Prinz in Samt und Seide gekleideter Junge saß, der einen Stab in der Hand hielt, Bonbons in die

Menge warf und fröhlich winkte. Davor tanzten die Funkenmariechen unermüdlich lachend die Straßen entlang.

Es dauerte sehr, sehr lange, es war kalt, und ab und zu nieselte es. Vom Wagen erscholl Karnevalsmusik, in regelmäßigen Abständen auch »Vür sönd allemoele Öcher Jonge«, das ich zwar mitsang, wobei ich aber immer wieder aus dem Takt geriet, denn vom Wagen hinter uns dröhnte eine andere Musik. Der Klangteppich war ebenso bunt, dicht und chaotisch wie die Menschenmenge links und rechts des »Zochs«, die die Hände nach den Bonbons ausstreckte, die durch die Luft flogen. Wir liefen und liefen und liefen, ab und zu winkten wir den Menschen am Straßenrand zu, die Kälte und die Feuchtigkeit drangen in unsere Kostüme. Irgendwann hörte ich auf zu lachen und zu winken, und wollte nach Hause.

Ich war erleichtert, als wir am Aschermittwoch in der ersten Schulstunde zur Messe gingen und der Priester uns mit ernstem Blick ein Aschekreuz auf die Stirn malte. Der Karneval war vorbei, jetzt begann die Fastenzeit.

Der Frühling kam, und wir unternahmen wieder Ausflüge rund um das Dreiländereck. Einmal pro Woche telefonierten wir mit meiner Großmutter in Leipzig, wir schickten ihr Pakete mit Jacobs Krönung und Milka-Schokolade und Nylonstrumpfhosen. Sie schickte Pakete mit Schallplatten und Märchenbüchern. In unsere Pakete schmuggelten wir manchmal Westgeld, Zwanzigmarkscheine unter der Alufolie der Milka-Schokolade. Am Telefon sagten wir dann, dass die Schokolade besonders gut schmecke, dann wusste meine Oma, dass sie genauer hinschauen musste.

Meine Mutter kaufte viel bei Aldi ein, das hatte ihr die neue Oma aus Kreuztal empfohlen, aber keine Nylonstrumpfhosen. Sie hatte auf den Packungen das Foto einer Mitgefangenen aus Hoheneck entdeckt, die nur eine Strumpfhose trug, die Arme vor der Brust gekreuzt hatte und lächelte. Ihr Gesicht war weichgezeichnet, aber meine Mutter erkannte sie trotzdem. Im Frauengefängnis Hoheneck war auch meine Mutter inhaftiert gewesen, sie hatte dort in der Strumpfhosenproduktion arbeiten müssen, bis sie zu krank dazu war und in ein Haftkrankenhaus verlegt wurde.

Die Strumpfhosen sind alle viel zu klein, sagte sie verächtlich, wenn die Naht schief war, haben wir einfach ein Stück abgeschnitten, es musste schnell gehen, damit wir den Plan erfüllen. Die kaufe ich auf keinen Fall, sie passen sowieso nicht.

Die Pakete meiner Großmutter waren in schweres graubraunes Packpapier gewickelt und mit grobem Bindfaden verschnürt. Es lagen Schallplatten darin, Violinkonzerte, gespielt von David oder Igor Oistrach, und Märchenbücher, deren fantasievolle Bilder ich bewunderte. *Der König der Zeit*, Mondmärchen, Feenmärchen, nach denen meine Großmutter in den Leipziger Buchhandlungen gesucht hatte. Ich antwortete mit Briefen, vielen Dank für die schönen Bücher, die Geschichten haben mir gut gefallen.

Unsere Wohnung war voller Bücher für Erwachsene. Sie standen im Musikzimmer in einem Bücherregal gegenüber dem Flügel, und ich buchstabierte die Titel und rätselte, was sich dahinter verbarg: *Das Glasperlenspiel*, *Die vierzig Tage des Musa Dagh*, *Mein Name sei Gantenbein*, *Radetzkymarsch* und *Joseph und seine Brüder*.

Meine Eltern waren vorsichtig mit dem Westgeld, zu viel musste bezahlt werden: die Flucht, die neuen Möbel, Reisen in Länder, die sie zuvor nicht hatten besuchen können, Reisen in Länder, in denen wir uns mit meiner Großmutter treffen konnten. Für Bücher aber gaben sie Geld aus. Mein Vater kaufte eine dunkelblaue vierundzwanzigbändige Brockhaus-Enzyklopädie auf Raten, er kaufte eine lindgrüne Buchreihe mit Goldschnitt mit Werken aller Literaturnobelpreisträger, er war Mitglied im Bertelsmann Buchclub und in der Wissenschaftlichen Buchgesellschaft. Gemeinsam mit meiner Mutter studierte er deren Kataloge, um das Buch auszuwählen, das man pro Quartal bestellen musste, weil man sonst den Vorschlagsband bekam. Sie kauften Bücher, die in der DDR verboten oder nicht zu bekommen gewesen waren, und erzählten von Orchestermusikern, die von Konzertreisen in den Westen verbotene Bücher in ihren Instrumentenkästen versteckt mitgebracht hatten: James Joyce' *Ulysses*, George Orwells *1984* oder Boris Pasternaks *Doktor Schiwago*, Bücher, die sie damals hatten lesen wollen und die sie nun, im Westen, in jeder Buchhandlung kaufen konnten.

Ich wollte schnell lesen lernen, um all die Bücher zu lesen, die Schule war schön, seit ich die Konsonanten nicht mehr weich aussprach, sondern meine Stimme ein wenig von jenem Singsang angenommen hatte, den Walburga Jansen vorgab.

Meine Banknachbarin Younga und ich wurden bald unzertrennlich. Sie wohnte nicht weit von uns entfernt, und häufig besuchten wir uns nach der Schule. Ihr Vater studierte an der Hochschule in Aachen, die berühmt war für ihre technischen Studiengänge. Ihre Mutter sprach kein Wort Deutsch, sie traf sich nur mit anderen Koreanerinnen, die ihren studierenden Männern nach Aachen gefolgt waren.

Mit Younga und ihren Eltern ging ich zu den Festen der koreanischen Studenten an der Hochschule, ich verstand kein Wort von dem, was um mich herum gesprochen wurde, aber das machte nichts, wir spielten Ball auf der Wiese oder Fangen, bis das Essen fertig war – ein Essen, das so anders war als alles, was ich kannte, exotisch und überraschend.

Wenn ich Younga zu Hause besuchte, redete Youngas Vater von Korea, er sprach über die Chinesen, die Krieg gegen Südkorea geführt hatten und vor denen man sich in Acht nehmen müsse. Youngas Mutter kochte, sie bestand darauf, dass ich mit ihnen aß: viele verschiedene Gerichte in kleinen Schüsseln, aus denen sich jeder nehmen durfte. Das Kimchi brannte mir auf der Zunge, ich mochte den fremden, scharfen Geschmack und brachte einmal ein Glas davon mit nach Hause. Meine Eltern machten betretene Gesichter, nachdem sie davon gekostet hatten, zu viel Knoblauch, sagte mein Vater, das kann ich nicht essen, das riecht man morgen in der Musikschule.

Younga war seit ihrem dritten Lebensjahr in Aachen, sie war hier in den Kindergarten gegangen, ihre kleine Schwester war hier geboren. Auch sie lebte mit ihrer Familie in einer Wohnung, während die meisten anderen Kinder in meiner Klasse in Reihenhäusern mit Garten wohnten, die mir riesig vorkamen.

Über meine Reisen in den Osten sprachen wir ebenso wenig wie über den Plan von Youngas Vater, nach Abschluss seines Studiums zurück nach Seoul zu gehen.

14

Im Herbst meines zweiten Schuljahres ging der himmelblaue Ford Escort meiner Tante kaputt, und mein Vater suchte nach einem neuen Auto: Es musste ein gebrauchtes, nicht zu teures sein. Eines Tages kam er mit dem ausrangierten Kommandofahrzeug der Aachener Feuerwehr zurück, einem großen grauen Mercedes für viertausend D-Mark.

Das ist ein Auto, sagte mein Vater, das wird noch Jahre laufen, Mercedes-Motoren sind langlebig, damit kannst du zweihunderttausend Kilometer fahren. Wisst ihr noch, unser Trabi? Der fiel bald auseinander, wenn man schneller als sechzig gefahren ist. Und der Gestank!

Die erste Reise mit dem neuen Auto, auf das mein Vater so stolz war, sollte in die Tschechoslowakei gehen, dort wollten wir meine Großmutter treffen. In Karlovy Vary gab es Hotels für Gäste aus dem Westen und solche für Gäste aus dem Osten, und meine Eltern bemühten sich vergeblich, ein Hotel zu finden, das uns alle aufnehmen würde. Also buchte mein Vater für uns das Hotel Moskva, das früher einmal Grandhotel Pupp geheißen hatte, und meine Großmutter fand eine Unterkunft am anderen Ende des Orts.

Die Pracht unseres Mercedes ähnelte der des ehemaligen Grandhotels, in dem irgendwann einmal Berühmtheiten aus ganz Europa abgestiegen waren und das nun verfiel. Es war riesengroß, und die Gäste liefen verloren durch die langen Gänge und die weiten Restaurants. Ich fand es schön, die hohe Hotelhalle und die großen Zimmer, deren altmodischer, staubiger Plüsch anheimelnd war. Aber meine Großmutter durfte das Hotel nicht betreten, und als wir versuchten, unauffällig zu viert hineinzugehen, kam der Concierge hinter der Rezeption hervor und sagte mit böser Stimme in gebrochenem Deutsch, dass nur Westgäste zugelassen seien, keine DDR-Bürger.

Und so gingen wir nur sehr selten in die Restaurants des Hotels, in denen abends ein Geiger melancholische Romanzen spielte und böhmische Küche serviert wurde. Wir trafen uns mit meiner Großmutter draußen, gingen die Teplá entlang, bis zu der weißen Marmorbüste von Goethe, der irgendwer schielende blaue Augen gemalt hatte. Wir kauften Karlsbader Oblaten und die typischen Becher, die den Schnabel am Griff hatten. Vor dem schwefligen Wasser, das aus den Brunnen floss, ekelte ich mich, es roch nach faulen Eiern, und ich konnte mir beim besten Willen nicht vorstellen, wozu es gut sein sollte.

Als es regnete, wurden in der Lobby des Hotel Moskva Eimer aufgestellt, das Dach war undicht, und mein Vater sagte, seht ihr, das war einmal das erste Hotel in ganz Europa, jetzt regnet es durchs Dach, im Osten funktioniert einfach nichts.

Und dann sind sie auch noch teuer und arrogant, es würde sie doch nichts kosten, ein Auge zuzudrücken und uns zusammen reinzulassen, sagte er, während meine Mutter die Picknickdecke und Proviant in eine Tasche packte.

Wir gingen im Wald spazieren, wir picknickten auf dunkelgrünem Moos unter hohen Bäumen, und ich hatte immer noch Angst vor Ameisen. Das Licht fiel schräg durch die hohen Bäume, Mücken tanzten in der Sonne, sie stachen uns, was wir erst abends merkten, wenn wir duschten. Wir spielten Karten – ich lernte Doppelkopf, das in meiner Familie leidenschaftlich gern gespielt wurde –, und wir redeten, redeten ungestört und ohne Sorge, belauscht zu werden. Meine Großmutter berichtete von Leipziger Freunden, von den Schwierigkeiten mit dem Hauswart, der sie am Ersten Mai aufforderte, die DDR-Fahne zu hissen, und bei Wahlen schon vormittags vor der Tür stand, um sie ans Wählen zu erinnern.

Ich soll die Fahne hissen, ausgerechnet ich, wieso lässt er mich nicht einfach in Ruhe, sagte sie.

Ihre Stimme klang müde, es gab wenig, was sie noch an Leipzig band, wo sie ihr ganzes Leben verbracht hatte. In acht Jahren würde meine Großmutter sechzig und könnte als Rentnerin übersiedeln, noch ein paar Jahre, sagte meine Mutter, dann kommst du zu uns nach Aachen. Ich erzählte ihr vom Aachener Dom und vom Rathaus, ich zeigte ihr den Klenkes, das Erkennungszeichen der Aachener untereinander, den wackelnden kleinen Finger, und erzählte ihr von den Grenzübergängen nach Belgien und Holland, an denen keine Soldaten mit Gewehren standen und keine Schäferhunde bellten, an denen man einfach nur seinen Pass zeigte und durchgewinkt wurde.

Abends kehrten wir in die verblichene Pracht des Hotel Moskva zurück, und meine Oma ging allein die Teplá entlang zu ihrer Pension am anderen Ende der Stadt.

Die grünen Augen meiner Großmutter wurden hell und durchsichtig, als wir sie am Bahnhof verabschiedeten, und meine Mutter war die ersten Stunden nach dem Abschied schweigsam.

Wir fahren bald wieder her, sagte mein Vater am Steuer des Kommandofahrzeugs der Aachener Feuerwehr, wir sehen die Oma bald wieder, es ist kein Abschied für lange.

Die Rückfahrt führte durch Bayern immer weiter nach Westen, wir überquerten den Rhein, und mein Vater sang wie jedes Mal auf der Rheinbrücke das Lied »Wenn das Wasser im Rhein gold'ner Wein wär', ja dann möcht' ich so gern ein Fischlein sein«.

Er zeigte stolz auf die Spitzen des Kölner Doms: Bald sind wir zu Hause.

Nach den Ferien sollten wir in der Schule von unseren Reisen erzählen, meine Klassenkameraden waren nach Österreich oder Spanien oder Italien gefahren, viele waren zu Hause geblieben, keiner war je in der Tschechoslowakei gewesen.

Erzähl uns doch von Karlsbad, sagte Walburga Jansen, und ich erzählte von meiner Großmutter und der Goethe-Büste mit den schielenden Augen, von den zwei Hotels und den Eimern in der Hotelhalle bei Regen. Als die anderen Kinder mich gelangweilt oder verständnislos anschauten, verstummte ich.

15

Im Dezember hängte meine Mutter einen Adventskalender über meinem Bett auf, einen langen Streifen dunkelblauen Stoffs mit vierundzwanzig goldenen Holzstäbchen. Auf dem obersten saß ein Engel, den man jeden Tag ein Stäbchen tiefer setzen konnte. Ganz unten hing ein goldenes Säckchen, in dem ich morgens eine Süßigkeit fand. Irgendwann war mir klar, dass meine Mutter selbst die Süßigkeiten hineintat, und ich versuchte, wach zu bleiben, bis sie kam, was mir nie gelang.

In der Schule sangen wir Weihnachtslieder, die ich zum Glück alle kannte, und bastelten Weihnachtsgeschenke. Zu Hause packten wir Pakete für unsere Leipziger Freunde und Verwandten, wir taten Kaffee, Schokolade, Seife, manchmal eine Flasche Kölnisch Wasser oder Aachener Printen hinein. Mein Vater lud alles in den Kofferraum des Mercedes und fuhr zur Post.

Bei uns trafen die Weihnachtspakete aus Leipzig ein, sie wurden geöffnet, die in Geschenkpapier gewickelten Dinge nahm meine Mutter an sich, und der Stollen, auf den mein Vater sehnsüchtig wartete, kam in den Küchenschrank. Die haben hier keine Ahnung, was eine echte Stolle ist, die tun allen Ernstes Marzipan rein, sagte er mit Abscheu.

Wir bekamen immer drei oder vier Stollen geschickt, und mein Vater schenkte einen Herrn Adrian, damit der auch mal guten Stollen essen konnte.

In der großen Wohnung in der Lütticher Straße konnten wir Weihnachten zusammen mit meiner neuen Oma und den beiden Tanten feiern, wir hatten genügend Platz für alle. Inzwischen waren auch die Klappliegen in den Keller verschwunden, es gab ein Gästezimmer mit Gästebetten. Die Oma und die Tanten reisten drei Tage vor Weihnachten aus Würzburg und Kreuztal an und blieben mindestens bis zum dritten Januar.

Meine neue Oma kam nicht nur zu Weihnachten, sondern auch sonst jeden Monat für eine Woche, sie putzte, nähte, bügelte und spülte.

Setz dich doch mal hin, sagte mein Vater oft gereizt zu ihr, du bringst so viel Unruhe mit.

Ich kann mich am helllichten Tag nicht einfach so in die Ecke setzen, ihr habt doch sicher noch etwas zu tun für mich. Dann räumte sie das schmutzige Geschirr aus der Spülmaschine und begann abzuwaschen.

Auf die Spülmaschine war mein Vater stolz, er hatte sie angeschafft, weil er der Meinung war, meine Mutter sollte so wenig Zeit wie möglich mit Hausarbeiten verbringen. Aber meine Großmutter kritisierte das neue Gerät, und da mein Vater sowieso häufig mit ihr stritt, war die Spülmaschine regelmäßig der Anstoß für eine Diskussion.

Da wird nichts sauber, sagte meine Oma.

So ein Unsinn, sagte mein Vater, natürlich wird das sauber, und du willst dich doch nicht hinstellen und mit der Hand spülen?

Das tu ich, macht, was ihr wollt, aber nur, wenn ich nicht da bin.

Du bist stur, sagte mein Vater.

Und du weißt alles besser, auch bei Dingen, von denen du keine Ahnung hast, sagte meine Großmutter.

Ein Grund zu streiten fand sich immer, gerne griff sich meine Oma dann an die Brust und sagte, sie habe ein schwaches Herz.

Du bist hysterisch, sagte mein Vater gereizt, von wegen schwaches Herz.

Meine Oma stand entrüstet auf und lief in die Küche, vorwurfsvoll klapperte sie dort mit dem Geschirr.

Die ersten Weihnachtstage nach ihrer Ankunft verliefen aber erst einmal friedlich. Mein Vater schrieb Pläne, er kaufte Unmengen von Süßigkeiten, Wurst und Fleisch ein und ging von Supermarkt zu Supermarkt, um die Mastgänse zu inspizieren. Aus Polen mussten sie sein, die Gänse, zwei mussten es sein, denn mein Vater rechnete pro Gans nur vier Esser. Die holländischen und französischen sind viel zu dünn, damit fangen wir gar nicht erst an, sagte er und suchte und verglich, um schließlich mit den schwersten polnischen Exemplaren nach Hause zu kommen, große Tiere, aus denen so viel Fett lief, dass wir wochenlang Gänsefett aufs Brot schmierten. Meine Mutter bereitete sie gemeinsam mit meiner Oma zu, tagelang waren sie mit den beiden Tieren beschäftigt, die am Heiligabend bereits fertig waren und auf den Balkon gestellt wurden, damit das Fett zu dicken Platten erkaltete, bevor sie am ersten Weihnachtstag aufgebraten wurden.

Den Tannenbaum kauften wir am Vormittag des Heiligabends und stellten ihn in das Musikzimmer neben den Flügel. Mittags telefonierten wir mit meiner Großmutter in Leipzig, wir erzählten von allen Vorbereitungen und von den Gänsen, wie lange sie hatten braten müssen, wie schwer sie waren, und wir erzählten, wie wir den Tannenbaum geschmückt hatten: Rot, Gold und Stroh und weiße Kerzen. Am Nachmittag vor der Bescherung wurde einer der Stollen angestochen, wie mein Vater es ausdrückte. Mit großer Geste hob er den Stollen aus dem Karton auf eine Kuchenplatte, stäubte Puderzucker auf die ohnehin schon dicke Zuckerschicht und schnitt großzügig Scheiben davon ab, die es später geben sollte.

Dann sangen wir alle Weihnachtslieder, die wir kannten, und mein Vater spielte dazu auf dem Klavier.

Sehnsüchtig erwartete ich die Bescherung, die endlich stattfand, nachdem wir auch das letzte Lied gesungen hatten, das einer von uns kannte. Ich begann die vielen Pakete aufzureißen, die unter dem Baum lagen, und zog mir den Zorn meiner Oma zu, die mich ermahnte, die Geschenke ordentlich auszupacken. Sie nahm mir das Geschenkpapier aus der Hand und faltete es, um es am nächsten Tag aufzubügeln.

Geschenkpapier ist nicht teuer, sagte mein Vater, das brauchst du nicht wiederverwenden.

Wieso sollen wir Geld verschwenden, sagte meine Oma vorwurfsvoll, wir haben keins.

Dann war mein Vater beleidigt, er hatte sich bei der neuen Oma und meiner Tante Helga Geld leihen müssen, um die Flucht zu bezahlen und die neuen Möbel.

Ich hörte gar nicht zu, ich freute mich über alle Geschenke, auch über die aus Leipzig: Bücher, Schallplatten, manchmal Handarbeiten oder Nussknacker aus dem Erzgebirge.

Der Tannenbaum glänzte, er drehte sich langsam in dem uralten Ständer mit der Spieluhr, der seit Generationen in der Familie meiner Mutter war und immer wieder vier Weihnachtslieder spielte, hell und klar und in fröhlich-schnellem Takt: »O du fröhliche«, »Großer Gott, wir loben dich«, »Stille Nacht« und »Ihr Kinderlein kommet«.

Endlos dehnten sich die Weihnachtstage vor mir aus, und ich hatte nichts anderes zu tun, als mich mit den Geschenken zu beschäftigen.

Meine Eltern, die beiden Tanten und meine Oma saßen von morgens bis abends zusammen, die blinde Tante rauchte eine Zigarette nach der anderen, und der Rauch mischte sich mit dem Pfeifenrauch meines Vaters, dem Duft des Tannenbaums und dem des Gänsebratens, der aus der Küche drang.

Die Gespräche kreisten um das neue und das alte Leben, um drüben, vor allem aber darum, wie gut es war, dass wir hier lebten, in der westlichsten Großstadt Deutschlands.

Doch Leipzig ließ uns nicht los, und bald schon diskutierten mein Vater und meine Tante darüber, wo dieser eine Blumenladen gewesen war – weißt du noch, der hatte vor allem Nelken, Rosen gab es fast nie – oder welche Straßenbahn zum Völkerschlachtdenkmal fuhr. Sie sprachen über Menschen, an die ich mich kaum noch erinnerte, Freunde, die ich gesehen hatte, als ich ganz klein war, über Wohnungen, in denen ich nie gewesen war, wer in der Partei war oder bei der Stasi. Was es alles in der DDR nicht gab, aber hier im Westen, und wer wann eventuell ausreisen und uns besuchen konnte.

Ich durfte lange aufbleiben, und als ich lesen konnte, las ich bis tief in die Nacht hinein in den Büchern, die ich geschenkt bekommen hatte, ich las die Märchenbücher und *Die Söhne der Großen Bärin* aus dem Osten und Enid Blyton und Astrid Lindgren aus dem Westen, ich las in alten Kinderbüchern meiner Mutter und Großmutter in Frakturschrift, die sie mir schenkten, als sie dachten, ich sei alt genug, sorgsam damit umzugehen.

Die Stimmen meines Vaters und meiner Tante hörte ich

in diesen Nächten noch lange durch die Kinderzimmer-
tür.

Mein Vater und später auch ich bestanden zu Weihnachten auf den immer gleichen Ablauf und die immer gleichen
Speisen, nichts durfte sich ändern, denn dieses Fest war
der Fixpunkt im Jahr – änderte sich auch sonst noch so
viel, war die Welt draußen häufig fremd und unverständlich
und manchmal auch beängstigend, an Weihnachten wiederholten sich dieselben Zeremonien, dieselben Abläufe,
dieselben Gespräche bis hin zu denselben Streitereien.

16

Das kleine graue Land rückte mit der Zeit weg von mir, meine Erinnerungen an Leipzig, an die Krochsiedlung und die Landsberger Straße verblassten, davor schoben sich Aachen, die Schule und meine Freundinnen, aber auch die Gespräche meiner Tante und meines Vaters über Wege und Orte in Leipzig, die ich nicht kannte, die ich vielleicht nie gesehen oder vergessen hatte.

Ich spielte nicht nur Klavier, ich sang auch im Kinderchor der Musikschule, sonntags ging ich in den Kindergottesdienst und schaute danach die *Sendung mit der Maus*. Noch immer blieb ich vor jedem Automaten mit bunten Kaugummis oder Plastikspielzeug stehen, und nach dem großen Plüschschlumpf, den mir meine Tante geschenkt hatte, hatte ich noch eine ganze Reihe von Stofftieren bekommen, mit denen ich lieber als mit Puppen spielte. Mit meinen Schulfreundinnen tauschte ich Playmobilfiguren.

Die meisten Leute, die meine Eltern kannten, lebten in einem Einfamilienhaus mit Garten. Es war ein Zeichen, dass man es geschafft hatte, und so begannen auch meine Eltern, nach einem Haus zu suchen. Dort würden wir Geige und Klavier spielen können, ohne die Nachbarn zu stören. Meine Mutter übte in dieser Zeit jeden Tag länger, sie machte Fortschritte und hatte die Hoffnung noch nicht aufgegeben, dass sie bald so spielen könnte wie früher.

Mein Vater und meine Mutter sprachen jetzt oft über

Kredite und Bausparverträge, über Hausbau und die Wohngegenden, wo ein Haus vielleicht nicht allzu teuer war. Wir zahlten noch das Geld für die Flucht ab, und die Reisen zu den Treffen mit meiner Großmutter kosteten viel. Wir sahen uns Häuser an, die meinen Eltern alle nicht gefielen. Oft scheiterte es daran, dass es keinen Raum gab, der groß genug für den Flügel war. Selbst bauen ist noch teurer, sagte mein Vater, lasst uns erst einmal weitersuchen.

Einmal schauten wir uns ein Haus in einem Vorort von Aachen an. Es war eng und dunkel, die Zimmer waren klein, und der Blick meiner Mutter irrte durch die Räume. Die Besitzerin führte uns in den Keller, dessen Fenster vergittert waren, sprach über die Heizung und den Waschmaschinenanschluss. Es entstand eine Gesprächspause, und in die Stille hinein fragte ich, ob es im Gefängnis auch so ausgesehen habe wie in diesem Keller, und zeigte auf die Fenster.

Das Haus wäre eh nichts gewesen, sagte mein Vater, nachdem die Frau uns eilig verabschiedet hatte, zu weit außerhalb, da sitzen wir nur im Auto und fahren hin und her.

Mein Vater erzählte unsere Geschichte jedem, der wissen wollte, woher wir kamen, denn verbergen konnten wir sie sowieso nicht, man hörte ja, dass wir nicht aus Aachen waren. Und meine Eltern sprachen viel über ihre Haft und das Gefängnis, wenn wir allein waren oder die Familie zu Besuch. Auch den neuen Aachener Freunden erzählten sie diese Geschichten, wenn sie danach fragten.

Es waren immer die gleichen Episoden: die Kakerlake in der Bulette; das Wachpersonal, das alles, was meine Großmutter mitbrachte, verschwinden ließ; Klopfzeichen in der Untersuchungshaft; endlose Verhöre und die Versuche der Verhörenden, meinem Vater zu unterstellen, er habe meine viel jüngere Mutter zur Flucht überredet, was er auch zugegeben hatte, um die höhere Haftstrafe zu bekommen und meine Mutter zu entlasten; die langen Gänge und dicken Mauern im Frauengefängnis von Hoheneck; Akkordarbeit im Strumpfhosennähen; die Krankheit meiner Mutter, die man zuerst für Simulation gehalten hatte, bevor man sie in ein Haftkrankenhaus verlegte, als es ihr schon sehr schlecht ging und sie ihre Hände kaum noch bewegen konnte. Die Ratlosigkeit der Ärzte dort, die die Krankheit weder diagnostizieren noch behandeln konnten.

Mein Vater hatte in Bautzen Küchen gebaut, auch davon erzählte er, und von einem Mithäftling, der ihn Graukopf nannte, ihm die Arbeit erklärte und ihn vor den anderen beschützte.

Es waren Geschichten von dummem, bösem oder freundlichem Wachpersonal, von den Freundschaften mit anderen politischen Gefangenen, vom Warten darauf, freigekauft zu werden, »auf Transport zu gehen« in den Westen, bloß nicht zurück in den Osten, wo kein normales Leben mehr möglich gewesen wäre. Es waren Geschichten von überfüllten, dreckigen Zellen, von kriminellen Mitgefangenen oder solchen, die in der DDR als »asozial« galten, weil sie nicht arbeiten wollten oder keine Wohnung hatten, die freundlich waren oder hinterhältig, verzweifelt, gleichgültig oder mitleidig.

Es waren viele Geschichten, sie wurden wieder und wieder erzählt, um die anderthalb Jahre in Worte zu fassen – Unglück, Angst, Schmerz und Verzweiflung, Geschichten, die manchmal auch lustig waren und zu Anekdoten gerieten, immer im selben Wortlaut erzählt.

Diese Geschichten gehörten meinen Eltern, obwohl ihnen die anderthalb Jahre nicht gehört hatten, im Fragen danach und im Erzählen davon gehörten sie uns allen, wir nahmen sie denen weg, die uns die Zeit gestohlen hatten und die Gesundheit meiner Mutter.

17

Als ich neun Jahre alt war, fuhren wir im Sommer nach Spanien, gemeinsam mit meiner Klassenkameradin Dorothea und deren Eltern, mit denen sich meine Eltern angefreundet hatten. Der Vater war Pfarrer, und wir konnten in das Landheim der evangelischen Kirche an der Orangenblütenküste fahren, um dort die Ferien zu verbringen. Dieses Wort klang für mich nach einem verzauberten Land, ich hatte noch nie Orangenbäume gesehen.

Dorotheas Eltern besaßen einen VW-Bulli mit geteilter Windschutzscheibe, er war blau, wir passten alle hinein: Vier Erwachsene und vier Kinder, denn auch Dorotheas ältere Schwestern, die ich bewunderte und die uns kleinere nicht beachteten, waren dabei. Wir übernachteten irgendwo in den Pyrenäen, bevor wir weiterfuhren. Das Landheim der evangelischen Kirche von Spanien lag im Nirgendwo der Macchia zwischen Valencia und Barcelona, die sich bis zu dem kleinen Ort Alcossebre erstreckte, wo wir einkaufen gingen oder Eis essen.

Bis zum Strand lief man zwei Kilometer einen Trampelpfad entlang, es war ein Steinstrand, und wir trugen Badeschuhe, um uns vor den Seeigeln zu schützen, deren leere Hüllen wir sammelten. Orangenbäume sahen wir nicht, weder dort noch auf unseren Ausflügen, sie mussten irgendwo anders sein – und um diese Jahreszeit blühten sie nicht und trugen auch keine Früchte, erklärten uns die Spanier. Mein Vater brachte mir Schwimmen bei, aufgeregt paddelte ich durch das klare Wasser, das in vielen Blau- und Grüntönen schillerte und auf dessen Grund man Kieselsteine und kleine Felsen sah, ich testete, ob ich noch stehen konnte, schluckte Salzwasser, bis mir schlecht wurde, und versuchte, auf den Grund zu tauchen.

Es war glühend heiß, und wenn wir mittags vom Strand zurückkamen, zogen sich die zwei Kilometer unendlich lang hin. Die niedrigen Büsche entlang des Pfades schienen in der sengenden Sonne zu glühen, die wenigen Pinien dufteten intensiv, und in der größten Hitze war das Zirpen der Grillen ohrenbetäubend und einschläfernd zugleich. Wir sollten Siesta halten, bis zum späten Nachmittag sei es zu heiß, um ans Meer zu gehen, sagten die Erwachsenen, aber wir Kinder wären am liebsten am Strand geblieben, wir liebten die Hitze, den salzigen Geruch, wir wollten weiter Muscheln suchen und die Krebse zwischen den Felsen beobachten. Die Siesta war heilig, die spanischen Familien gaben den Takt der Sommertage vor, und wir fügten uns murrend. Statt zu ruhen, kletterten wir in dieser Zeit über die Stockbetten im Mädchenschlafsaal oder beobachteten Dorotheas ältere Schwestern, die kichernd auf der weißen Veranda saßen.

Zu den gemeinsamen Mahlzeiten deckten wir Kinder den Tisch und deckten ihn wieder ab, reihum kochte einer der Erwachsenen – die Frauen – für das ganze Landheim. Nur die Paella, die es einmal in der Woche in einer riesigen gusseisernen Pfanne gab und die stundenlang draußen auf einer Feuerstelle köchelte, war Männersache.

Es waren unbeschwerte, träge Wochen, die Hitze verlangsamte alles, selbst unsere kindliche Energie. Wenn es nicht ganz so heiß war, stiegen wir in den Bulli und besichtigten Orte in der Umgebung, Tarragona, Saragossa, Valencia und die Festung von Morella. In jeder Stadt, die wir besuchten, kaufte ich eine Postkarte für meine Großmutter, ich klebte ein Foto von mir am Strand in ein Album für sie und schrieb darunter: »Das kleine Mädchen am Strand mit dem Pferdeschwanz bin ich.«

Die Tage flossen ineinander, wir hatten Salzränder auf der Haut, wir traten in Seeigel, trotz der Badeschuhe, und weinten, bis jemand die Stacheln mit einer Pinzette entfernte und wir stolz auf Pflaster oder Verband durch das Landheim humpelten. Um uns herum wurde nur Spanisch gesprochen, ich verstand kein Wort, aber der Klang der fremden Sprache war Teil dieses Südens, der mich so wie Italien zuvor faszinierte, eine Gegenwelt zu meiner eigenen, in der Sonne und Meer dominierten und die Hitze das Leben leicht machte.

Alles roch nach Pinien und Nivea-Sonnenmilch, mit der wir unablässig eingeschmiert wurden. Meine und Dorotheas Mutter lagen auf Liegen im Schatten der hohen Pinien und lasen *Der Name der Rose*, das gerade erschienen war und für Aufsehen sorgte. Eidechsen huschten über die Veranda oder verharrten reglos in der Sonne, der Duft von Paella und der der Macchia mischte sich, der blaue Himmel war diesig von der Hitze.

Der Abschied fiel mir schwer, aus der Ferne kam mir Aachen plötzlich auch grau vor, grau und kalt, unschön und farblos. Den Sommer in der Intensität des Südens vermisste ich bereits, als der Bulli die Grenze zu Frankreich überquerte und das Licht zu schwinden begann.

Der Schulbeginn fiel mir schwerer als in den Jahren zuvor, es war ungewöhnlich kühl und regnerisch für die Jahreszeit, und der Kontrast zu Spanien hätte nicht größer sein können. Aber dann kam Walburga Jansen eines Tages mit wichtiger Miene in den Klassenraum und verkündete, dass das Aachener Stadttheater drei kleine Mädchen suchte, die in einem Stück mitspielten. Dorothea, eine weitere Klassenkameradin und ich wurden ausgewählt, wir waren aufgeregt und stolz, das Stück hieß *Woyzeck*. Wir sollten in einer Szene ein Lied singen, »Wie scheint die Sonn St. Lichtmesstag«. Bei uns war Marie, Woyzecks Verlobte, und nach dem Lied bat sie ihre Großmutter, die auf die Bühne kam, uns ein Märchen zu erzählen. Es war ein Märchen von einem kleinen Mädchen, das allein durch eine verlassene Welt geht und sein Glück beim Mond sucht, aber als es näher kommt, ist der Mond nur ein Stück Holz. Es sucht die Sonne, aber die ist eine vertrocknete Sonnenblume. Und die Sterne, bei denen es Trost sucht, sind brennende Mücken. Es kehrt zurück auf die Erde, die ein umgestürzter Hafen ist, und da sitzt es bis heute.

Ich verstand das Märchen nicht, es war anders als die vielen Märchen, die ich inzwischen las, die der Brüder Grimm oder die von Andersen, meine geliebten Mondmärchen oder die aus Tibet, die mir meine Großmutter geschickt hatte. Dieses hatte einen anderen Ton, obwohl es auch mit »Es war einmal …« begann, und es machte mir Angst. Ich wusste nicht, was ein umgestürzter Hafen war, und das Stück Holz und die vertrocknete Sonnenblume erschreckten mich. Das Mädchen war ganz alleine – wo waren seine Eltern?

Nach Ende des Märchens war eine kurze Stille, dann trat Woyzeck auf und holte Marie ab, und wir Mädchen und die Großmutter gingen von der Bühne.

Vor jeder Aufführung wurden uns in der Garderobe die Haare geflochten und in Schnecken um den Kopf gelegt.

Wir trugen altmodische Kleider, wie wir sie noch nie gesehen hatten. Wenn es Zeit für uns war, auf die Bühne zu gehen, mussten wir an Woyzeck vorbei, der hinter der Bühne wartete. Mit finsterer Miene stand der Schauspieler da, er sah uns nicht an, er war in Gedanken versunken und in seine Rolle, auch er trug seltsame Kleider, und wir fanden nie heraus, wie er wirklich hieß. Er war Woyzeck, er war Furcht einflößend, und wir drückten uns schnell an ihm vorbei.

Unter den heißen Bühnenlichtern roch es nach Staub, die Großmutter sprach das Märchen mit lauter, bitterer Stimme, und wir saßen ganz still da, hielten uns an den Händen, jeden Abend wanderte das kleine Mädchen allein durch die Welt und fand nichts und niemanden, der es hätte trösten können.

Ich sang meiner Großmutter das Lied vom Lichtmesstag am Telefon vor, ich übte es zu Hause, es ging mir nicht aus dem Kopf.

Vor jedem Auftritt war ich nervös, denn schon bald gab es ein Problem: Unsere Mitsängerin konnte die Melodie nicht halten, sie sang inzwischen nicht mehr leise wie bei den Proben, sondern laut und falsch, und Dorothea und ich schämten uns, weil wir sie nicht übertönen konnten.

Das muss die Mutter doch hören, dass das Kind nicht singen kann, sagte mein Vater empört.

Vielleicht ist die Mutter auch nicht musikalisch und merkt es nicht, sagte meine Mutter. Ich rufe sie an und spreche mit ihr, es würde reichen, wenn das Kind leise singt, dann fällt es nicht auf.

Aber die andere Mutter wollte davon nichts hören, diese Kritik würde ihr Kind traumatisieren, es müsse positive Erfahrungen machen.

Dann muss meine Tochter negative Erfahrungen machen, damit Ihre positive macht, sagte meine Mutter wütend.

So sind sie hier, sagte mein Vater. Das Kind kann nicht singen und quält die anderen beiden mit seinen falschen Tönen, es ist schlicht ungeeignet, muss aber positive Erfahrungen machen. Das ist antiautoritäre Erziehung, jeder soll sich frei entfalten, und wenn es auf Kosten der anderen geht, Leistung spielt keine Rolle, aber irgendwann später geht es ja doch darum, dann kannst du nicht mehr sagen, du willst positive Erfahrungen machen.

Mein Vater regte sich auf, aber es half nichts: Wir spielten jede Vorstellung zu dritt, wir sangen mit aller Kraft, um die falschen Töne zu übertönen.

Sie mischten sich mit der heißen staubigen Bühnenluft, Woyzecks finsterer Miene und der Spucke, die aus dem Mund der Großmutter flog, wenn sie uns das Märchen erzählte.

18

Die Welt teilte sich in drinnen und draußen. Draußen waren die Schule, der Klavierunterricht, die bunten Süßigkeiten in den Supermärkten, meine Playmobilfiguren und der inzwischen vertraute rheinische Singsang. Draußen gab es die Musikschule, in deren Chor ich sang und wo ich zu Schülerkonzerten ging, die mein Vater eingeführt hatte. Die Musikschule war in ein neues Gebäude gezogen, feierlich eingeweiht – allerdings viel später als geplant, weil zwischendurch der Dachstuhl gebrannt hatte und die Bauarbeiten sich länger hinzogen als gedacht. Wie in der DDR, sagte mein Vater, unzuverlässig, du weißt nie, wann jemand kommt und es weitergeht. Zwar gibt es alles, Baumaterialien und Handwerker, aber der Rheinländer lässt sich Zeit, er legt sich nicht fest und kommt gern zu spät, erklärte mein Vater.

Und es gab die Welt drinnen, bei uns zu Hause. In der übte meine Mutter stundenlang, sie ging zu Ärzten, sie beantragte Haftschadensausgleich und wurde zu anderen Ärzten geschickt, sie füllte endlose Formulare aus, sie musste nachweisen, dass sie nicht mehr so spielen konnte wie früher, und das war schwierig. Sie begann zu unterrichten, Kinder, die zu uns nach Hause kamen und auf Viertel- oder Achtelgeigen spielten. Es klang häufig dünn und jämmerlich, es machte meiner Mutter keine Freude, auch wenn sie die Kinder mochte und einige Begabte aus dem dünnen Kratzen langsam volle Töne hervorbrachten.

Drinnen herrschte die Angespanntheit meines Vaters, alles richtig zu machen, es zu schaffen in dem Land, das ihn und uns aufgenommen und Chancen gegeben hatte. Drinnen waren die DDR, Verwandte und Freunde in der alten Heimat, wie mein Vater sie nannte, Gefängnisgeschichten und die Angst meines Vaters, dass die westdeutschen Politiker die Gefahr, die von der UdSSR ausging, nicht ernst nahmen. Er sprach oft davon, dass jede Annäherung ein Fehler sei, dass wir uns schützen müssten mit Waffen, und das war eine Einstellung, die viele draußen nicht teilten – sie wollten Abrüstung und Frieden, die DDR und der Ostblock waren weit weg, kaum einer war jemals selbst dort gewesen, und wenn mein Vater davon erzählte, schauten sie ihn ungläubig an. Manchmal merkte er, dass sie ihm nicht glaubten, dann wurde mein Vater zornig.

Die beiden Welten draußen und drinnen berührten sich, sie existierten nebeneinander, ich konnte von einer in die andere schlüpfen, aber ich konnte sie nicht zusammenfügen.

Beide waren mir vertraut und manchmal fremd, ich vermisste meine Leipziger Großmutter und freute mich auf jedes Treffen mit ihr, ich liebte meine Ostmärchenbücher und mein Westplaymobil.

Beide Welten verschwanden, wenn ich allein zu Hause bleiben musste. Meine Eltern gingen ab und zu in Konzerte oder besuchten die neuen Freunde, ich war nun groß genug, um allein ins Bett zu gehen.

Meine Tochter hat keine Angst, sagte mein Vater, wir sind in ein paar Stunden wieder da, was soll passieren? Zur Belohnung würde ich am nächsten Tag ein Eis und fünfzig Pfennig bekommen. Es war ein mit einer Himbeerschicht überzogenes Vanilleeis am Stiel, es lag bereits im Tiefkühlschrank, ich ging nachschauen, wenn ich allein war, aber der Anblick tröstete mich nicht. Ich dachte daran, dass meine Eltern nicht lange weg sein würden, wenn meine Mutter ein Kleid anzog und eine Kette umlegte, ich war tapfer, wenn sie gingen, und versuchte zu lächeln.

Kaum war die Tür ins Schloss gefallen, fiel ich aus beiden Welten, nichts war mehr übrig, es war alles leer und ich allein. Draußen wurde es dunkel, und ich lief durch alle Zimmer, um zu kontrollieren, ob die Dinge noch da waren: die Möbel, das Meissener Porzellan, das meine Eltern mit viel Mühe aus der DDR gerettet hatten, die Geige meiner Mutter, ihr Schmuck, ihre Unterwäsche und die Strumpfhosen.

Aber das half nichts, es half auch nicht, dass ich wusste, dass keiner heimlich aus Aachen weggehen musste, jeder konnte gehen, wohin er wollte. Die Dunkelheit kam in die Wohnung, alles Vertraute wurde fremd, warf seltsame Schatten, ich schaltete das Licht ein und wieder aus, es machte keinen Unterschied, ich war allein. Ich wanderte durch die Wohnung, ich versuchte, mich ins Bett zu legen, aber die Dunkelheit wurde immer dichter, sie beschwerte mich und drückte mir die Kehle zu. Ich hielt ganz still, ich machte mich klein, als wäre ich nicht da, ich wartete und wartete. Manchmal weinte ich, manchmal schlief ich ein, bevor meine Eltern zurückkamen, meistens hörte ich irgendwann den Schlüssel im Schloss, ich hörte ihre Stimmen, die Welt war wieder da, als wäre sie nie weg gewesen, und ich verstand die Angst nicht mehr.

Wenn wir am nächsten Morgen beim Frühstück saßen, war der Abend nur mehr ein ferner Albtraum, der bei Tageslicht lächerlich wirkte.

19

In der Zeit, in der meine Mutter merkte, dass sie nicht wieder so spielen würde wie früher, egal, wie viel sie übte, wurde ihr Antrag auf Haftschadensausgleich abgelehnt. Sie war entmutigt, aber mein Vater wollte nicht aufgeben.

Das ist nicht in Ordnung, sagte er, das müssen sie anerkennen.

Und wenn es in der nächsten Instanz auch nicht klappt?, fragte meine Mutter.

Dann klagen wir weiter, du hast ein Recht darauf, du bist im Gefängnis krank geworden, dafür musst du entschädigt werden.

Jahrelang würden meine Eltern kämpfen um die Anerkennung dessen, was in Hoheneck passiert war, wie ihre Gefangenschaft das Leben meiner Mutter verändert hatte, unwiderruflich. Mein Vater gab nicht auf, er riskierte, Gerichts- und Anwaltskosten selbst tragen zu müssen, wäre der Antrag in der nächsten Instanz abgelehnt worden. Es ging um das Finanzielle, aber auch um alles andere, es war ein Kampf, den mein Vater kämpfen wollte, für sie, nachdem er den um die Freiheit verloren hatte – und den er schließlich, viel später, wirklich gewann.

Meine Mutter war traurig, die Geige und das Üben machten sie traurig, die unbegabten Kinder, die auf ihren kleinen Geigen kratzten, ihr dünnes Haar und das von Cortison geschwollene Gesicht. Es gibt aus dieser Zeit ein Foto von uns beiden im Garten von Freunden, wir tragen beide helle

Kleider, sie sitzt, und ich stehe daneben, wir schauen uns an. Ich halte Wiesenblumen in der Hand und blinzle ein bisschen. Es ist ein schönes Foto, aber sie umgibt etwas, das ich nicht durchdringen kann, wir sind zusammen und doch jeder für sich, allein.

Du siehst gar nicht aus wie eine Mutti, sagte ich ihr eines Tages, Muttis sehen eher so aus wie die Oma, sie sind klein und rundlich und haben graue Löckchen.

Meine Mutter schaute mich erstaunt an, sie versuchte zu lächeln und sagte, dafür bin ich die jüngste Mutti in deiner Klasse, so jung wie ich ist sonst keine. Das war mir bis dahin nicht aufgefallen, ich hätte nicht sagen können, wie alt Youngas Mutter war, ich wusste nur, dass Dorotheas Mutter viel älter war als meine, denn sie hatte schon ein paar graue Haare, und Dorothea war das jüngste von fünf Geschwistern.

Es war die Zeit, in der ich öfter nach einem Geschwisterkind fragte, und meine Mutter sagte dann, sie habe sich viele Kinder, am liebsten vier gewünscht. Nach der Flucht, hier im Westen. Sie sagte mir auch, dass es nun nicht mehr gehe, dass sie wegen der schweren Medikamente kein Kind mehr bekommen könne. Die Ärzte hatten ihr abgeraten, ich würde allein bleiben. Ich habe ja dich, sagte sie. Mir tat das leid, sie hatte sich doch viel mehr Kinder gewünscht, und nun gab es nur mich – war das genug?

Also kein Geschwisterkind, aber ein Haustier hätte ich gern gehabt, am liebsten natürlich einen Hund oder eine Katze. Einmal fand ich auf dem Heimweg von der Schule einen Hund, einen Beagle, der herrenlos zu sein schien und den ich mit nach Hause nahm. Geduldig erklärte mir meine Mutter, weshalb ich das Tier nicht behalten konnte, und sie wählte die Nummer, die auf der Marke an seinem Halsband stand. Als der Hund abends abgeholt wurde, warf ich mich wütend auf mein Bett und weinte.

Meine Mutter konnte meinen Vater schließlich zu einem Wellensittich überreden, der mich nicht lange begeisterte, weil er, anders als der Mann in der Zoohandlung versprochen hatte, nicht zu sprechen begann, sondern beharrlich schwieg und die Körner, die wir ihm fütterten, wieder hochwürgte. Meine Mutter säuberte den Käfig, wenn mein Vater nicht da war, denn die Abmachung war gewesen, dass das meine Aufgabe sei.

Später vergaß ich den Wunsch nach einem Geschwisterkind oder Haustier, ich war froh, meine Eltern für mich zu haben und ungestört meine Bücher lesen zu können.

Meine Mutter organisierte Kindergeburtstage für mich, wir machten Schnitzeljagden und aßen Würstchen mit Pommes frites, sie kochte mittags für uns, wenn mein Vater aus der Musikschule kam, und buk am Wochenende Joghurt-Sahne-Torten mit Mandarinen, auf die ich mich Woche für Woche freute.

Viele Sachen bestellte meine Mutter bei Bofrost.

Die liefern an die Haustür, man kann alles in der Gefriertruhe aufbewahren, es wird nicht schlecht, sagte mein Vater. Das ist praktisch, denk mal dran, wie du Schlange gestanden hast drüben, stundenlang jeden Tag.

Gemüse, Fleisch und Fisch, ein paar Fertiggerichte, Eis und manchmal eine Torte – gemeinsam mit meiner Mutter wartete ich auf den weißen Bofrost-Wagen mit dem blauroten Schriftzug, und der Verkäufer freute sich, wenn er uns sah.

Meine Eltern nahmen jeden ernst, der bei uns klingelte, ob Staubsaugervertreter, Sternsinger oder die Kinder, die zum Martinstag Lieder für ein paar Süßigkeiten sangen.

Über Monate klingelten die Zeugen Jehovas regelmäßig bei uns, meine Mutter bat sie herein und machte ihnen Kaffee, während sie erklärte, weshalb sie weiter evangelisch bleiben und keine Zeugin Jehovas werden wollte.

Mein Vater studierte alle Postwurfsendungen, die wir bekamen – Reklamen, Kataloge, Angebote für Versicherungen, Spendenaufrufe. Da er viele Versicherungen abschloss und häufig spendete, kamen immer mehr Angebote und Bitten um Spenden, die er aufmerksam las und mit meiner Mutter besprach.

Hier müssen wir helfen, sagte er und legte meiner Mutter einen Brief der Kleinen Bibelschwestern aus Rumänien hin, die zu wenige Bibeln hatten und um Spenden dafür baten.

Ja, sagte meine Mutter, sie brauchen die Bibeln, wie sollen sie sonst arbeiten?

Kam zweimal im Jahr der tausendseitige Quelle-Katalog, schauten meine Mutter und ich ihn Seite für Seite an, auch wenn wir selten etwas bestellten.

Immer noch waren viele unserer Kleidungsstücke getragen oder billig aus dem Schlussverkauf der großen Kaufhäuser. Meine Eltern sagten, dass man sich dafür nicht schämen müsse, dass wir sparen und unser Geld für andere Dinge ausgeben würden – Bücher, Reisen und die Flucht, die so teuer gewesen war. Ich schämte mich aber doch, es gab Kleider, gebraucht oder neu, die ich mich weigerte anzuziehen, ohne ersichtlichen Grund: eine altrosafarbene Cordhose, die meine Mutter bei C&A gefunden hatte, ich hatte sie sogar anprobiert, aber kaum waren wir zu Hause, wollte ich sie nicht mehr haben, konnte mir nicht vorstellen, sie je wieder anzuziehen.

Was soll das Theater, fragte mein Vater, das ist doch eine schöne Hose.

Du wolltest sie im Geschäft noch haben, sagte meine Mutter.

Aber ich schämte mich und blieb bei dieser Scham, ich weigerte mich, die Cordhose anzuziehen, und trug weiter die alten Hosen, die langsam zu kurz wurden.

20

In den Osterferien kurz nach meinem zehnten Geburtstag reiste ich zum ersten Mal allein in die alte Heimat.

Mein Vater brachte mich nach Köln, von dort fuhr ein Zug direkt nach Leipzig, wo meine Großmutter mich abholen würde. Es gab niemanden, der mich begleiten konnte, daher wollte mein Vater in Köln jemanden ansprechen, ein Auge auf mich zu haben. In meinem Abteil saßen drei ältere Frauen, Rentnerinnen, die zu Besuch im Westen gewesen waren und nun zurück in die DDR fuhren. Sie waren hilfsbereit und versicherten meinem Vater, auf mich zu achten.

Wir verabschiedeten uns, er schärfte mir noch einmal ein, auf meinen Pass aufzupassen und daran zu denken, dass ich Bundesbürgerin war, es konnte mir also nichts passieren. Meine Großmutter hatte einen Berechtigungsschein zum Empfang eines Visums für mich beantragt und uns geschickt, dieses Papier würde ich an der Grenze vorzeigen müssen, um den Visumsstempel zu erhalten.

Ich hatte keine Angst, nicht vor der Zugfahrt, nicht vor der Grenze und nicht vor Leipzig, das ich lange nicht gesehen hatte, denn dort würde meine Großmutter auf mich warten.

In unserem Abteil türmten sich Koffer voller Westwaren, es roch nach Heizung, Kölnisch Wasser und den rotbraunen Polstersitzen. Der Zug fuhr durch Essen, wo ich mehr als drei Jahre zuvor angekommen war, und die alten Damen wollten wissen, wo ich hinfuhr und warum ich allein reiste.

Als sie hörten, dass ich aus Leipzig stammte und nun in Aachen wohnte, tauschten sie beunruhigte Blicke. Dann fragten sie weiter, und ich erzählte ihnen unsere Geschichte. Das taten meine Mutter und mein Vater auch, wenn man sie fragte, sie verheimlichten nichts, und ich wusste, ich musste mich nicht schämen dafür, dass meine Eltern im Gefängnis gewesen waren.

Aber die älteren Damen verstummten. Eine verschwand, kurz darauf holten alle drei umständlich und mühevoll ihre schweren Koffer aus dem Gepäckfach und verließen grußlos das Abteil. Ich war allein und überlegte, was passiert sein könnte. Eigentlich hatten sie nach Leipzig fahren wollen, aber vielleicht hatten sie es sich anders überlegt und stiegen doch schon vorher aus.

Wir kamen in Oebisfelde an die Grenze, die ich in den drei Jahren nicht vergessen hatte: kleine graue Wachtürme, Soldaten mit Gewehren und finsteren Gesichtern, Schäferhunde, vor denen ich mich fürchtete. Zwei Grenzbeamte stiegen in unseren Wagen ein und gingen Abteil für Abteil ab. Ich hielt ihnen meinen westdeutschen Kinderausweis und meinen Berechtigungsschein hin. Die Beamten in ihren grauen Uniformen sahen sich beides an, sie stutzten und schauten mich an, dann sagten sie, einen Augenblick, und verließen das Abteil.

Ich erschrak – jetzt hatte ich keinen Pass mehr, das war ein Fehler, aber was hätte ich tun sollen? Ihn nicht hergeben? Mir blieben die beiden Sätze, ich bin Bundesbürgerin war der erste, der zweite war der, dass ich den Ständigen Vertreter der Bundesrepublik in der DDR sprechen wollte. Es gab keine Botschaft der Bundesrepublik, hatte mir mein Vater erklärt, sondern eine Ständige Vertretung mit einem Ständigen Vertreter, und der hieß Hans Otto Bräutigam. Er war für mich zuständig, sollte mir in der DDR etwas zustoßen.

Die beiden Beamten kehrten bald mit meinem Pass wieder, und ich bekam den Visumsstempel. Sie hatten eine Frau mitgebracht, auch sie in grauer Uniform, die meinen Koffer aus der Ablage nahm und alles, was darin war, herausholte. Sie legte die Sachen auf die freien Plätze, wo die alten Damen gesessen hatten, sie schaute alles genau an, Kleidung, Wäsche, meine Stofftiere und die Geschenke, die ich dabeihatte, Kaffee, Nylonstrumpfhosen und Schokolade. Es dauerte lang, sie ließ sich Zeit, dann nickte sie, ohne die Miene zu verziehen, und verließ das Abteil. Als der Zug endlich anrollte, begann ich alles wieder einzupacken, es war, als wären es nun doppelt so viele Sachen, ich bekam sie kaum in den Koffer und musste mich daraufsetzen, um ihn schließen zu können.

Auf DDR-Seite fuhr der Zug langsamer, es begann zu dämmern, als wir durch Magdeburg fuhren, die Häuser an der Bahnstrecke waren klein und graubraun, das flache Land war graubraun, etwas daran war mir noch vertraut. Endlich kamen wir in Leipzig an, durch die große Bahnhofshalle flogen gurrend die Tauben, ich sah meine Großmutter schon von Weitem auf dem Bahnsteig. Schnell stieg ich aus, zog meinen großen Koffer hinter mir her und lief auf sie zu.

Meine Großmutter umarmte mich immer wieder, sie wollte genau wissen, wie die Reise verlaufen, was an der Grenze passiert war, ihre Stimme klang besorgt, und sie umarmte mich noch einmal. Vor dem Bahnhof stand eine lange Schlange am Taxistand, in die wir uns einreihten. Auf den Wohnblöcken gegenüber leuchtete gelb der Schriftzug »Willkommen in Leipzig«.

Ich schaute durch die Dämmerung auf die breite, vom Regen feuchte Straße, ich erinnerte mich dunkel daran, aber etwas hatte sich verändert. Es sah aus, als wäre die Farbe aus dem Bild gewichen, als wäre ein Foto verblasst. Als wir endlich ein Taxi bekamen, fuhren wir durch Straßen, an die ich mich kaum noch erinnern konnte, bis wir in die Max-Liebermann-Straße einbogen und dann in die Krochsiedlung.

Die Wohnung meiner Großmutter roch wie immer nach Malzkaffee und Wäsche, und ich schlief wieder in dem kleinen Kinderzimmer meiner Mutter, das beinahe zwei Jahre lang meines gewesen war.

Am nächsten Morgen mussten wir zur Polizei gehen, um mich anzumelden. In der grauen Amtsstube hing ein Foto von Erich Honecker über dem Schreibtisch, der hellblaue Fond des Bildes der einzige Farbtupfer im Raum. Der Beamte sah meine Großmutter und mich ernst an, prüfend beugte er sich über meine Papiere. Danach musste ich im Haus meiner Großmutter angemeldet werden – Horst Kuhne wartete schon auf unseren Besuch. Er besah meinen Pass, dann schrieb er mich ins Hausbuch ein, mit Ankunfts- und Abreisedatum. Auch Kuhnes kamen mir kleiner und farbloser vor, Edith Kuhne nur mehr eine geisterhaft schmale Gestalt, die rauchend auf einem Sofa lag und hustete.

So, jetzt haben wir es geschafft, sagte meine Oma, als wir endlich gehen konnten. Zwei endlose Frühlingswochen lagen vor uns, die wir im Garten, in Buchhandlungen, in Schallplattenläden, bei Freunden meiner Eltern, die uns reihum einluden, zu Hause bei Brettspielen und abends vor dem Fernseher verbrachten. Meine Großmutter schaute nur Westfernsehen, aber das Sandmännchen im Ostfernsehen wollte ich immer noch sehen, obwohl ich dafür eigentlich zu alt war. Das Wetter war warm und sonnig, zwischen den Häuserreihen in der Krochsiedlung wucherte Frühlingsgras, die Luft war mild, es roch nach Rauch, ein Geruch, der mir auf jeder meiner Reisen nach Leipzig am Bahnhof entgegenschlagen sollte, sobald ich aus dem Zug stieg.

Am Ostermorgen ging ich mit meiner Großmutter zum Ostergottesdienst in die Thomaskirche, der um vier Uhr in der Frühe begann. Als wir aus der Kirche traten, färbte sich der Himmel über Leipzig rosarot.

21

Ich fuhr noch oft nach Leipzig, und ich wunderte mich im Zug nicht mehr, wenn die Mitfahrenden mein Abteil verließen, sobald ich meine Geschichte erzählt hatte.

Die Erlebnisse der ersten Reise wiederholten sich: An der Grenze wurde ich besonders gründlich durchsucht, musste danach meinen Koffer neu packen. Wir gingen am ersten Tag zur Anmeldung auf die Polizeiwache, dann zu Kuhnes, um mich ins Hausbuch einzutragen. Jedes Mal sah Frau Kuhne kleiner und zerbrechlicher aus, stets mit Zigarette in der Hand.

Die Krochsiedlung schrumpfte von einem Besuch zum nächsten, die Häuser, die mir einst hoch vorgekommen waren, wirkten inzwischen klein. Die meisten Leute, denen wir auf der Straße begegneten, kannten meine Großmutter, sie schauten mich neugierig an, und manchmal war es meiner Großmutter unangenehm, wenn sie stehen blieben und Fragen stellten. In der Max-Liebermann-Straße waren noch dieselben Geschäfte wie früher, als ich dort gewohnt hatte: der Fleischer, Obst und Gemüse, ein Milchladen. Davor standen die Leute oft Schlange. Mal sehen, was es gibt, sagte meine Großmutter, wenn die Schlange besonders lang war.

Häufig machten wir Ausflüge, mit dem Trabant meiner Großmutter fuhren wir nach Weimar oder Dessau.

Die Dörfer, durch die wir kamen, waren grau und schienen menschenleer zu sein, eine gespenstische Kulisse. An manchen Häuserwänden standen verblichene Parolen, »Überholen, ohne einzuholen« oder »Von der Sowjetunion lernen, heißt siegen lernen«. Meine Großmutter las sie lachend vor, nichts hier sah nach Sieg aus, alles war kleiner und schäbiger als in Aachen.

Wir besuchten die Leipziger Museen und verbrachten Stunden in Buchhandlungen, um das Geld, das ich hatte umtauschen müssen, auszugeben. Wir fuhren nach Dresden und gingen ins Grüne Gewölbe, wir stöberten in den Antiquariaten nach alten Büchern, wir liefen durch den Park von Pillnitz und bestaunten die Kamelie, von der mir mein Großvater, der aus Dresden stammte, immer erzählt hatte. Die Ruine der Frauenkirche ragte schwarz in den Himmel, auf den umgestürzten Steinblöcken wucherte das Unkraut. Alles an der Stadt war dunkel, die Ruinen in ihrer Mitte fremd und anheimelnd zugleich, der Fürstenzug, die Elbterrassen. Licht und breit war dagegen die Prager Straße, auf der entlang wir zum Bahnhof gingen, wenn wir zurück nach Leipzig fuhren.

Die Zeit war eine zähe Masse, in der alles feststeckte, uns blieb nur das Warten: auf die nächsten Ferien, auf ein Zeichen aus dem Ministerium für innerdeutsche Beziehungen, auf den nächsten Geburtstag meiner Großmutter, der sie näher an die Rente brachte. Undenkbar, dass sich jemals etwas ändern würde: die Grenze, die Mauer, die grauen Leipziger Straßen mit den Häusern, die immer weiter verfielen, die Schlangen vor den Geschäften, der Geruch, der mir entgegenschlug, wenn ich aus dem Zug stieg.

Auch der Westen würde immer gleich bleiben, das verschlafene Bonn als Hauptstadt, Helmut Kohl als Kanzler, die Aachener Fußgängerzone mit Kaufhof, C&A, Tack-Schuhen und Douglas, so wie in allen westdeutschen Städten, in die wir fuhren, der Quelle-Katalog und *Prisma*, die Fernsehzeitung, die jede Woche kam.

Nur die Reisen führten aus diesem unveränderlich geteilten Stillstand, es waren Reisen nach Osten und Reisen nach Westen, in neue Welten, die nichts zu tun hatten mit BRD und DDR, mit Helmut Kohl und Erich Honecker.

Als ich zehn war, flogen wir im Sommer in die USA. Mein Vater hatte dort eine Cousine, sie war als Kind mit ihrer Familie nach Chicago ausgewandert und lebte jetzt, nach ihrer Pensionierung, in Florida. Wir flogen mit Pan Am, wir waren aufgeregt und fanden tatsächlich eine neue Welt: bonbonfarben und elegant, draußen stickig, die Innenräume eiskalt, die Frisuren voluminös, das Englisch breit und kaum verständlich mit seinen offenen Vokalen. Wir wurden herumgereicht wie eine Zirkusattraktion, die Familie aus »East Germany«, so was hatte man hier noch nie gesehen, kaum ein Amerikaner wusste, wo die »GDR« lag. Die Menschen, denen wir begegneten, waren überschwänglich, sie schmiedeten Wiedersehenspläne, wir müssen uns unbedingt treffen, ihr kommt zu uns, aber dann wurde nie etwas daraus. Wir besuchten die Everglades, in denen es von Moskitos nur so wimmelte, wir fütterten Pelikane am Strand und sammelten Haifischzähne, sie waren klein und grau und sahen nicht gefährlich aus. Wir sollten nach Haifischflossen Ausschau halten, bevor wir ins Wasser gingen, hatte die Cousine meines Vaters gesagt, und das tat ich, voller Sehnsucht, mich ins Meer zu stürzen, aber mit kleinen Schauern, die mir über den Rücken liefen, wenn ich eine verdächtige Welle sah.

Wir fuhren nach Cap Canaveral und ins Disneyland: erst Achterbahn und dann Übernachtung in einem Hotel, das wie eine Raumstation aussah, bunter, lauter, größer als alles, was wir kannten. Mit dem Auto fuhren wir nach Chicago über lange gerade Autobahnen, auf denen wir stundenlang kein anderes Fahrzeug sahen, der Himmel hoch und weit, und die Skyline von Chicago tauchte nach Tagen überraschend auf wie eine Siedlung auf einem anderen Stern. Wir fuhren mit dem Fahrstuhl auf die Spitze des Sears Tower, damals des höchsten Gebäudes der Welt.

Amerika: ein Land der Farben, der Landschaften und weiten Himmel, mit einem Cowboy als Präsident, den mein Vater bewunderte.

Das ist die Zukunft, sagte mein Vater, die Amerikaner verteidigen uns, hier sind wir sicher, und hier gehst du später einmal zur Schule.

Obwohl die elfte Klasse noch weit weg war – erst einmal musste ich überhaupt aufs Gymnasium kommen –, plante mein Vater schon einen Schüleraustausch für diese Zeit, er sprach mit Freunden seiner Cousine und bemühte sich um eine feste Zusage, dass ich dort später einmal für sechs Monate wohnen und zur Schule gehen konnte.

Sein Englisch war nicht gut, aber er sprach mit jedem und machte sich verständlich. Meine Mutter redete wenig, sie hatte in der Schule Russisch gelernt und wollte keine Fehler machen. Sie sah schön aus, und wenn die Leute sie anstarrten, lächelte sie.

Vielleicht dachte sie in Amerika nicht an ihre Geige und die Schüler, deren Bögen über staubige Saiten krächzten.

22

Die Leichtigkeit der Reisen ließ sich zu Hause höchstens erhalten, wenn uns die besten Freunde meiner Eltern besuchten, die sie im Gefängnis kennengelernt hatten: fünf Menschen, die in Bayern und Baden-Württemberg als Ärzte und Ingenieure schneller eine Stelle gefunden hatten als mein Vater. Ein Ehepaar hatten mein Vater und meine Mutter unabhängig voneinander kennengelernt, in den Gefängnissen von Hoheneck und Bautzen. Das andere war von unserem Schleuser an der Grenze verraten worden, im Tausch für seine Freiheit. Sie waren noch zu Hause aufgrund von begründetem Verdacht direkt verhaftet worden, und mein Vater hatte eine Zelle mit dem Mann in Bautzen geteilt. Die Pathologin, die meine Mutter in Hoheneck traf, hatte ebenfalls mit ihrer Tochter, nur wenig älter als ich, fliehen wollen. Sie alle wurden von der Bundesrepublik freigekauft, in ein Auffanglager gebracht und mussten sich eine neue Existenz aufbauen in dem unbekannten Land, von dem sie lange geträumt hatten. Und keiner von ihnen konnte zurückkehren in das Land, das er verlassen hatte.

Eins der Ehepaare hatte zwei Kinder, die ungefähr in meinem Alter waren. Sie kamen uns oft besuchen, mein Vater wurde dann nicht so schnell zornig, und meine Mutter redete mehr, es waren unbeschwerte und fröhliche Wochenenden, auch wenn das Gefängnis häufig Thema war. Wir Kinder hörten dann gebannt den Geschichten zu, die bereits unzählige Male erzählt worden waren.

Meine Mutti will nicht, dass ich fremden Leuten sage, dass sie im Gefängnis waren, sagte die Tochter unserer Freunde, und ich schaute sie erstaunt an.

Wieso denn nicht?, fragte ich. Es ist doch nichts dabei.

Es geht niemanden etwas an, und im Gefängnis sind ja auch Verbrecher, Diebe, Mörder und so, sagte sie.

Darüber dachte ich lange nach: Ob irgendwer hier im Westen das falsch verstand und dachte, meine Eltern hätten etwas gestohlen oder jemanden umgebracht und wären darum im Gefängnis gewesen? Es war doch klar, dass man wegen Republikflucht ins Gefängnis kam.

Wir wissen das, sagte das andere Mädchen, aber die hier vielleicht nicht.

Auf endlosen Spaziergängen liefen wir hinter unseren Vätern her, die die Weltlage diskutierten, sie waren besorgt, sie wussten genauer als alle anderen, wie gefährlich dieser Kalte Krieg war, dass man auf keinen Fall weich werden durfte. Aber hier im Westen ging es darum, weich zu werden, auf Waffen zu verzichten, die Menschen sehnten sich nach Frieden und Verständigung, sie gingen davon aus, dass das alle wollten und einer den ersten Schritt wagen musste.

Mein Vater und sein Freund sahen das anders, sie beharrten auf Gleichgewicht und Abschreckung. Sie diskutierten und diskutierten, und sonntags gingen wir alle zusammen in die Kirche, und die Väter sangen besonders kräftig. Die Leute drehten sich nach uns um, was mir peinlich war.

Mein Vater scheute keinen Streit, er engagierte sich in der Kirche und in der Lokalpolitik, er hatte Sendungsbewusstsein, wollte sein Wissen und seine Erfahrungen einbringen, Erfahrungen, die kaum einer gemacht hatte im Rheinland der Achtzigerjahre. Als bei einer politischen

Diskussion sein Gegenüber zu meinem Vater sagte, er habe sicher nicht ohne Grund in Bautzen gesessen, ging mein Vater auf ihn los.

Es war keine Verständigung möglich, die Erfahrungen waren zu unterschiedlich, und erst später begriff ich, dass man sich im Rheinland oftmals gar nicht für den Osten interessierte, der weit weg war, dass das freundliche Lächeln, das viele Menschen aufsetzten, wenn mein Vater ihnen die Politik erklärte, Desinteresse war, das Desinteresse derjenigen, die in einer vollkommen anderen Welt lebten.

Dennoch hatten meine Eltern eine ganze Reihe von Freunden in Aachen gefunden, sie luden sie zu uns nach Hause ein und wurden von ihnen eingeladen, aber sie waren Rheinländer und anders als wir.

Wir sind Neumanns, sagte mein Vater häufig, wenn ich wissen wollte, wieso er etwas so oder so machte, und irgendwann fragte ich mich, was das heißen sollte, wo es doch in jedem Telefonbuch des Landes seitenweise Neumanns gab.

Wenn unsere Aachener Freunde kamen, befürchtete meine Mutter immer, einen Fehler zu machen – der Wein war zu süß, die Schrankwand aus Eichenfurnier, und meine Mutter briet noch mit Schmalz oder Butter, nicht mit Olivenöl. All das machte man hier schon anders, jedenfalls die, die zu uns kamen. Sie sagten nichts, aber die Verwunderung war spürbar. Eine hochgezogene Augenbraue, eine Frage nach dem Wein oder die Empfehlung eines neuen Rezepts mit Auberginen und Mozzarella. Meine Mutter nickte dann und schaute interessiert, sie wusste, dass mein Vater weder Auberginen noch Mozzarella essen würde, er wollte ein Schnitzel oder Fischstäbchen am Freitag, und einmal in der Woche gab es Bohneneintopf mit Fleischeinlage.

Meine Mutter unterrichtete immer mehr, inzwischen auch an der Musikschule, sie spielte zusammen mit meinem Vater, und manchmal spielten sie zu dritt mit einem Cellisten. Meine Mutter wollte so gerne wieder Konzerte geben, sie übte viel allein und probte mit meinem Vater und dem Cellisten, aber ihre Hände waren steif, der Ton nicht so, wie sie ihn haben wollte, das Vibrato zu fest, die Finger zu langsam. Früher waren sie schnell, früher war alles möglich gewesen, wenn meine Mutter nur genug übte, und das hatte sie getan, sie war immer diszipliniert gewesen und hatte Stunde um Stunde gespielt, manchmal zehn Stunden am Tag. Jedes Konzert ein Sieg, die Finger gehorchten und damit auch das Instrument. Das war jetzt anders, das Metronom schlug unerbittlich einen immer schnelleren Takt, die Finger kamen nicht hinterher, sie kämpfte gegen sich selbst und verlor.

Sie war dreißig, und das Leben, auf das sie sich zwanzig Jahre lang vorbereitet hatte, würde es nicht geben. Die Stelle an ihrem Hals, wo die Geige lag, leuchtete zornig rot.

Auch ich spielte inzwischen Geige. Seit meine Mutter wieder unterrichtete und ihre Schüler oft auch zu uns nach Hause kamen, hatte ich ihrem Unterricht zugehört, immer häufiger nahm ich die Geige in die Hand und vergaß, Klavier zu üben.

Wenn du nicht übst, hast du nichts davon, sagte mein Vater, nachdem sich meine Klavierlehrerin beschwert hatte, dass ich faul geworden sei.

Ich will lieber Geige spielen, sagte ich.

Das probieren wir erst einmal, bevor du das Klavier aufgibst, sagte mein Vater, alles anfangen und dann nicht weitermachen geht nicht.

So begann mein Geigenunterricht, und ich bemühte

mich, jeden Tag wenigstens noch ein bisschen Klavier zu üben, bevor ich zur Geige griff.

Ich lernte schnell, wann immer meine Mutter Zeit hatte und ich zu Hause war, übten und spielten wir. Ein Jahr später durfte ich das Klavier, inzwischen ungeliebt, aufgeben, und ich vermisste nur die Nachmittage im Haus meiner Klavierlehrerin. Meine Mutter war froh, dass ich nicht kratzte und meine Finger die Töne trafen, sie erzählte mir von den anderen Schülern, den Begabten und den hoffnungslosen Fällen, aber immer häufiger verstummte sie.

Mein Vater sprang für sie ein, er redete und redete für sie mit, erklärte die DDR, den Rheinländer und Aachen. Er wurde schnell aufbrausend, wenn etwas anders war, als er es sich vorgestellt hatte, oder jemand eine andere Meinung hatte, und meine Mutter schwieg. Manchmal saß sie so still da, dass ich dachte, sie wäre versteinert, sie war da und doch nicht, gefangen in sich selbst und unerreichbar.

Morgens konnte sie nach schlaflosen Nächten oft nicht aufstehen. Die Mutti muss schlafen, sagte mein Vater, sie ist müde, und wir aßen unser Frühstück zu zweit, Wurstbrot oder Haferflocken und dazu Kakao. Dann brachte er mich zur Schule. Ich wusste nicht, wann meine Mutter aufstand, wenn ich aus der Schule zurückkam, stand sie in der Küche und kochte ein Mittagessen, fragte nach den Hausaufgaben.

Sie ging zu vielen Ärzten, weil sie immer weiter abnahm, weil sie nicht schlief, weil sie die Beine nicht stillhalten konnte, es kribbelte darin wie von tausend Ameisen. Restless-Legs-Syndrom hieß das, das sagten ihr die Ärzte und gaben ihr Medikamente, die manchmal halfen, oft jedoch nicht. Dann konnte sie nicht still sitzen, sie ging in der Wohnung hin und her, stundenlang, rauchte Kim, und mir gefiel der orangefarbene Streifen, der wellenförmig um die Zigarette lief.

Kam der Winter, wurde sie traurig, die Tage sind so kurz, sagte sie, kein Licht mehr bis April, und es ist kalt.

Mein Vater verstand die Traurigkeit nicht, er heizte unsere Kachelöfen, sodass es in der Wohnung auch im Winter warm und stickig war, aber an den Jahreszeiten konnte er nichts ändern: Nach dem Sommer kam der Herbst und dann der Winter, bevor es wieder Frühling wurde, das war normal, von Gott so eingerichtet. Wir konnten dankbar sein, dass wir im Westen waren – und dass die Tage im Herbst kürzer wurden, dass es im Winter dunkel war, war nun wirklich kein Grund zur Traurigkeit.

23

Inzwischen war ich auf dem Gymnasium, eine katholische Mädchenschule mit Latein als erster Fremdsprache. Wie in der Grundschule gingen wir einmal in der Woche morgens zur Messe, und einige der Lehrerinnen waren Nonnen in grauen oder schwarzen Gewändern, die die Haare unter einer weißen Haube versteckten.

Meine Freundin Younga war mit ihren Eltern zurück nach Korea gegangen, ich vermisste sie, ich schaute auf dem Globus nach, wie weit Seoul entfernt war, sehr weit, am anderen Ende der Welt, jenseits der Länder, die ich kannte, viel weiter weg als die DDR, Ungarn, Bulgarien oder die Tschechoslowakei. Manchmal schrieb Younga mir, aus ihren Briefen sprachen Unglück und Sehnsucht nach Deutschland, aber es war undenkbar, dass sie kam oder ich sie besuchte. Sie würde erst viele Jahre später zurückkehren, da waren wir uns schon fremd.

In dieser Zeit sollten die Wohnungen in der Lütticher Straße saniert werden, und wir mussten ausziehen. Meine Eltern hatten weiter nach einem Haus gesucht, sie hatten keines gefunden und schließlich entschieden zu bauen. Mein Vater hörte von einem Neubaugebiet nahe der Grenze zu den Niederlanden und kaufte dort ein Grundstück. Wir hatten einen Architekten, der Grundrisse zeichnete und mit riesigen Blättern zu uns kam, auf denen das Haus aus allen Perspektiven dargestellt war, meine Eltern sprachen über Dachisolierung und Raumaufteilung und ein Wohnzimmer, das der Flügel meines Vaters nicht vollständig füllen würde. Dann wurde das Fundament gelegt, und wir fuhren häufig auf die Baustelle, kletterten über Bretter und Leitern, mein Vater stritt mit Handwerkern, suchte nach anderen und stritt weiter. Aus der DDR war er gewohnt, dass er vieles selbst machen musste, was er nie gekonnt hatte, weil er handwerklich nicht geschickt war. Er hatte es trotzdem immer versucht und nie aufgegeben, selbst wenn es nicht gelang, er hatte weder eingesehen noch zugegeben, dass er kaum einen Nagel in die Wand schlagen konnte, und darum wollte er jetzt auch wissen, was auf der Baustelle geschah, was die Handwerker vorhatten und was genau sie taten.

Er führte Gespräche über Gasbeton und Fußbodenheizung, über Estrich und Fliesen und Rasengittersteine, er ließ sich alles erklären, er fuhr Baumaterialien hin und her und war angestrengt, weil wir die zu sanierende Wohnung in der Lütticher Straße schnell verlassen mussten und der Hausbau länger dauerte als gedacht. Wenn er nicht verstand, was die Bauarbeiter und Handwerker taten oder sagten, legte sich ein leicht amüsierter Ausdruck über sein Gesicht, er neigte dann den Kopf zur Seite und nickte wissend, und ich merkte, dass er keine Ahnung hatte, worum es ging.

Irgendwann war Richtfest, und mein Vater trieb den Architekten und die Bauarbeiter weiter an. Es gab eine Zeit, da wollte er nachts auf der Baustelle übernachten, um irgendwelche Baumaterialien zu bewachen, die vielleicht gestohlen werden könnten, er überredete einen Freund, der Jäger war, mit seinem Gewehr dazuzukommen, aber meine Mutter und die Frau des Jägers verhinderten die Aktion, und gestohlen wurde dann auch nichts.

Unser Haus war das erste des gesamten Neubaugebiets,

das bezogen wurde, teils waren die Straßen noch nicht fertig, und als wir einzogen, balancierten wir auf Holzbrettern über den Schlamm vor unserer Haustür.

Das Haus war groß, rot verputzt mit braunem Dach, und es hatte eine Einliegerwohnung für meine Leipziger Großmutter, die bald zu uns kommen sollte.

Jenseits des Neubaugebiets waren Wiesen und Felder, und dahinter lag der Wald. Ein Weg führte zum Dreiländereck, man konnte über Weiden nach Holland schauen, auf sanfte Hügel, und ich bildete mir immer ein, ganz in der Ferne die Nordsee zu sehen, ein schmaler Streifen am Horizont, aber das war unmöglich, das Meer lag dreihundert Kilometer entfernt.

Von nun an lief ich morgens früh durch den Schlamm zum Bus, der zur Schule fuhr. Er kam aus Vaals, dem ersten Ort jenseits der Grenze zu Holland, er war voller Schulkinder, und im Herbst und Winter roch es darin nach feuchtem Hund. Nach und nach wurden immer mehr Häuser um uns herum fertig, Einfamilienhäuser mit kleinen Gärten, einige ganz aus Holz oder mit Grasdach. Mein Vater machte sich lustig darüber, so wie er sich über »die Grünen« lustig machte, die neben uns in eins der Häuser aus Holz und Glas einzogen, ohne Gardinen, sodass man sehen konnte, wie sie morgens in der Küche ihren Kaffee tranken oder durch den Flur gingen.

Die Frauen sind unansehnlich, sagte mein Vater, die kämmen sich nicht und tragen keinen BH. Unansehnlich war nicht gut, genauso wie hysterisch nicht gut war, sei nicht hysterisch, sagte mein Vater, wenn ich weinte, du warst schon als kleines Kind hysterisch, sagte er, du hattest Angst vor Wasser und vor Ameisen.

Ein Jahr früher als die anderen Kinder ging ich in den

Konfirmandenunterricht. Meine Eltern hatten die Hoffnung, dass meine Großmutter zu meiner Konfirmation eine Besuchserlaubnis erhalten würde. Sie wollten ihr Aachen zeigen, das neue Haus und ihre Einliegerwohnung. Im Frühjahr, kurz nach den Osterferien, die ich in Leipzig verbracht hatte, stellte meine Großmutter einen Besuchsantrag. Zu familiären Anlässen wurde manchmal ein Visum ausgestellt, obwohl Konfirmation und Kommunion weniger geeignet waren, besser waren Hochzeiten oder Beerdigungen. Unser Ansprechpartner im Ministerium für innerdeutsche Beziehungen konnte nicht voraussehen, ob das Visum ausgestellt werden würde, es gab keinerlei Regelungen oder verlässliche Leitlinien, es wurde je nach Situation des Besuchenden entschieden, und häufig war es einfach Willkür.

Meine Großmutter bekam einen abschlägigen Bescheid. Als meine Mutter davon erfuhr, ging sie in den Keller, sie blieb dort eine Weile, und als sie zurückkam, waren ihre Augen feucht. Sie sagte nichts, während mein Vater redete, lautstark erklärte, dass wir uns das hätten denken können, meine Großmutter war alleinstehend, da war es naheliegend, einfach im Westen zu bleiben. Er rief im Ministerium für innerdeutsche Beziehungen an und versuchte erfolglos, dort noch etwas zu erreichen. Wie groß die Hoffnungen meiner Mutter gewesen waren und ob diese Hoffnungen irgendetwas mit der Realität zu tun gehabt hatten: Ich wusste es nicht und fragte sie nicht danach.

Der Konfirmationstag kam trotzdem, und wir hatten das Haus voller Besuch, alle verrenteten Freunde meiner Eltern aus Leipzig reisten an, mein Vater organisierte, und die Oma aus Kreuztal kochte gemeinsam mit meiner Mutter.

Ich trug einen dunkelblauen Rock und eine weiße Strickjacke von Bleyle. Mein Vater hatte als kleiner Junge Matrosenanzüge von Bleyle tragen müssen, die kratzten, und nun hatte er in Aachen ein Bleyle-Geschäft gefunden, das ist gute Qualität, und wenigstens kratzt die Strickjacke nicht, sagte er.

Es war ein sonniger Tag, und wir feierten nach dem Gottesdienst in unserem Garten hinter dem Haus im Neubaugebiet.

Das Fehlen meiner Großmutter lag wie ein Schatten über dem Fest, das sinnlos geworden war, es klaffte eine Lücke, nicht zu füllen durch die Feier, die Gäste, die Geschenke, den Redefluss meines Vaters und die viel zu süßen Petits Fours aus der Patisserie.

24

Ich gewöhnte mich nur langsam an die neue Schule. Es war komplizierter geworden, Freundinnen zu finden, mir fiel es schwerer, auf Menschen zuzugehen, ich wurde schüchtern und wirkte oft arrogant und abweisend. Ich beobachtete die anderen Mädchen und wusste nicht, was ich zu ihnen sagen sollte, wie ich sie für mich gewinnen konnte, sie erschienen mir fremd, so als gäbe es keinerlei Gemeinsamkeiten, nur die Schule, wo wir Latein lernten, Geschichte, Biologie und Mathematik.

Sei nicht hysterisch, sagte mein Vater immer häufiger, wenn wir miteinander stritten. Meine Tochter weint nicht, sagte er, wenn ich dann in Tränen ausbrach, reiß dich zusammen. Tränen machten meinen Vater wütend, weinende Frauen sind hässlich, sagte er, so wie viele Frauen nicht sein Typ waren, zum Beispiel Gina Lollobrigida und Sophia Loren. Wie Raubkatzen, wer will denn so eine Frau, sagte er, und ich wusste keine Antwort. Italienerinnen, sagte er, mir sind Russinnen lieber, wenn ich deine Mutter nicht kennengelernt hätte, hätte ich eine Russin geheiratet. Ich kannte keine Russinnen.

Ich weinte oft, jedes Wort war zu viel, jeder Blick wühlte mich auf, mein Körper veränderte sich, aber das freute mich nicht, ich wollte den Kinderkörper behalten, bedauerte die Mädchen in meiner Klasse, die deutlich sichtbare Brüste hatten, und war froh, dass sich unter meinem Pullover noch eine ganze Weile nichts abzeichnete. Einige Klassenkameradinnen bekamen ihre Tage, kichernd erzählten sie davon, und ich versuchte, mir zusammenzureimen, worum es ging – die Erläuterungen im Biologieunterricht konnte ich in keinen Zusammenhang mit mir selbst bringen. Der einzige Vorteil dieses seltsamen Zustands war offenbar, dass man dann nicht zum Schwimmunterricht musste, ansonsten war er Teil der Veränderung, die mich beunruhigte.

In meinem Kopf herrschte Sturm, Gefühle wechselten unvermittelt und unvorhersehbar, ich war fröhlich, dann wieder traurig und gereizt, gereizt vom endlosen Reden meines Vaters, von der Schule und meinen Klassenkameradinnen.

Ich schrieb Tagebuch, schrieb Briefe an meine Großmutter, der Vati hat mir erzählt, dass es in Leipzig jetzt ein schönes neues Gewandhaus gibt, schrieb ich, und ich spiele gern Stücke auf der Geige, die die Leute hier nicht kennen, Mutti sucht sie für mich heraus.

Meine Mutter ging in die Musikschule und unterrichtete zu Hause, sie spielte im Musikschulorchester, sie führte die zweiten Geigen, aber es war nicht das, was sie gewollt hatte. Mein Vater fand, sie und wir müssten dankbar sein für ihren Gesundheitszustand, denn die seltene Krankheit, die sie hatte, ließ sich eigentlich weder heilen noch aufhalten, aber bei meiner Mutter war sie irgendwann nicht weiter fortgeschritten, weshalb sie überhaupt noch Geige spielen konnte, und das war ein Segen und ein Geschenk Gottes. Über den Segen und das Geschenk Gottes sprach mein Vater immer wieder, und an jedem 24. Dezember spielten meine Eltern nachmittags Weihnachtsmusik für die Patienten einer Rheumaklinik, aus Dankbarkeit für das Wunder.

Erst später begriff ich, dass kein Wunder geschehen war, sondern der Professor, der meine Mutter behandelt hatte, in den USA eine neuartige Immunsuppressionstherapie kennengelernt und meiner Mutter verschrieben hatte, er hatte die seltene Krankheit als Autoimmunkrankheit erkannt und entsprechend behandelt, später selbstverständlich und alltäglich. Meinem Vater aber gefiel die Hand Gottes, die eingegriffen hatte, für die wir ihm danken konnten und die uns – einmal mehr – rettete. Meine Mutter schwieg, wenn er darüber redete, über ihre Krankheit, über Gott und seine Güte und wie er uns geholfen hatte. Wir gingen sonntags in den Gottesdienst und beteten und dankten, meine Eltern besuchten Kirchentage, mein Vater diskutierte mit seinen Freunden, häufig Pfarrer oder Priester, über theologische Fragestellungen. Auch meine Mutter ging mit zum Gottesdienst, auch sie betete, aber sie war nicht glücklich, und ob sie dankbar war, ob sie dankbar sein konnte für Aachen und das rot verputzte Haus und die Musikschule mit den vielen Kindern, die mehr oder weniger gut Geige spielten, das wusste ich nicht, es war eine Frage, die man auf keinen Fall stellen durfte, die für mich zwar von Jahr zu Jahr dringlicher wurde, aber unaussprechlich blieb.

Ich erzählte fremden Menschen inzwischen nicht mehr, dass meine Eltern im Gefängnis gewesen waren, und es wurde mir unangenehm, wenn mein Vater darüber sprach. Ich wollte nicht auffallen, wollte so sein wie alle anderen, wollte den erstaunten Blick und die Fragen nicht, die gestellt wurden, immer und immer wieder: Kannst du dich denn daran erinnern? Wo warst du, als deine Eltern im Gefängnis waren? Bist du froh, dass du jetzt hier bist? Oder die schlimmste Frage: Bist du froh, dass deine Eltern das gemacht haben?

Ich fragte mich hingegen, was gewesen wäre, wenn wir nicht gegangen wären, was mit mir wäre, wenn wir noch in

Leipzig wären. Mein Vater sprach manchmal davon, aber es blieb abstrakt, ich hätte Schwierigkeiten in der Schule gehabt, weil ich nicht in der FDJ gewesen wäre, weil ich nicht zur Jugendweihe gegangen wäre, sondern zur Konfirmation, er erzählte von Kindern seiner Freunde, die kein Abitur machen, die nicht studieren durften und sich dann in christlichen Einrichtungen zur Krankenschwester oder zum Pfleger ausbilden ließen. Du hast hier alle Möglichkeiten, sagte mein Vater, du wirst in den USA zur Schule gehen, kannst Abitur machen und dann studieren, was du willst, Jura, Medizin oder BWL, es steht dir alles offen. Deshalb sind wir geflohen, deshalb waren wir im Gefängnis.

Von Jahr zu Jahr wog die Last schwerer, die Last aller Möglichkeiten um den Preis der Flucht, den meine Eltern im Gefängnis bezahlt hatten. Meine Mutter bezahlte ihn immer noch, sie war nicht glücklich, auch wenn mein Vater dagegen anredete, ein Unglück, das es nicht geben durfte und das deshalb auch nicht da war.

Alle Welten, in denen ich lebte, wurden mir fremd. Ich konnte nicht mehr von einer in die andere schlüpfen, konnte mich keiner mehr anverwandeln wie ein Chamäleon, ich fühlte mich in allen falsch, nicht zugehörig: die Schule und die Welt der Mädchen, mit denen ich mich anzufreunden versuchte, die Musikschule und das Leipzig meiner Großmutter, längst nicht mehr mein Zuhause, die Unterhaltungen meiner Eltern über den Russen und die Gefahr, die von ihm ausging, die Gespräche über Leipziger Straßen, die ich nicht kannte. Die Vorratshaltung meines Vaters, der im Keller einen Schrank voller Fischkonserven, Kartoffelpüree und ungarischer Salami hatte für den Fall, dass die Sowjets kamen, stand im Gegensatz zu der Welt unserer Nachbarn, die für Frieden und Abrüstung demonstrierten und sangen »The Russians love their children too«, was mein Vater naiv fand: Im Gegensatz zu den Sängern hatte er russische Freunde, die ihre Kinder natürlich liebten, aber das war nicht der Punkt, darum ging es gar nicht. Die eindringliche Warnung meines Vaters vor der Gefahr aus dem Osten stand auch im Gegensatz zu der Welt meiner Schulfreundinnen, von denen keine je in der DDR gewesen war und für die das kleine graue Land weiter weg war als Italien, Mallorca oder die Schweizer Berge. Sie hörten Popmusik, a-ha, Madonna, Depeche Mode und The Cure und träumten von London und Paris.

Mein Vater war entsetzt, als ich eine Single von »Take on me« kaufte, was soll das denn sein, fragte er, so was hören wir nicht, merkst du nicht, wie simpel diese Musik ist, einfachste Harmonien, die sich endlos wiederholen. Und warum schreien die so, fragte er, geht das nicht leiser? Ich kaufte keine Platten mehr, ich hörte Violin- oder Klavierkonzerte, mit meiner Mutter verglich ich verschiedene Einspielungen eines Konzertes, wir mochten David Oistrach und Itzhak Perlman und etwas weniger Igor Oistrach und Anne-Sophie Mutter.

Ich liebte Tschaikowsky, Brahms und Chopin, ich hörte es gern, wenn mein Vater übte, dann spielte er zuerst immer dieselbe Etüde von Chopin, das Klavier hatte inzwischen einen beruhigenden Klang, im Gegensatz zur Geige, die aggressiv geworden war und einen fordernden Ton annahm, sie wollte etwas von meiner Mutter, was sie nicht konnte, was sie nicht mehr konnte und worum sie vergebens kämpfte.

Auch ich kämpfte mit der Geige, ich kämpfte den ganz normalen Kampf aller Schüler um saubere Töne und einen schönen Klang, ich übte manchmal eine Stunde am Tag, manchmal auch zwei, und gegen die Geige zu kämpfen war normal, es war vertraut und das, was man eben tat, und ich kämpfte auch für meine Mutter.

Meine Klassenkameradinnen spielten Tennis im Verein, Boris Becker und später Steffi Graf waren ihre Idole, sie hängten Plakate von Becker in Siegerpose über ihre Betten und sprachen über all die Turniere, die er gewonnen hatte. Ich machte keinen Sport, vor allem nicht Tennis, das ist nicht gut für die Handgelenke, sagte mein Vater, hast du schon mal was von einem Tennisarm gehört, dann kannst du die Geige vergessen.

Meine Eltern hatte ich nie Sport treiben sehen, und Boris Becker gefiel mir nicht besonders, bei uns zu Hause wurde auch nicht Wimbledon geschaut, niemand von uns hatte die leiseste Ahnung, nach welchen Regeln ein Tennismatch funktionierte.

Eine kurze Zeit lang durfte ich in einem nahe gelegenen Reitstall voltigieren, aber dann fiel eins der Kinder vom Pferd, und meine Eltern fanden auch das zu riskant – für die Handgelenke und überhaupt. In einem Frühjahr wollte ich mit meinem Fahrrad, das ich fast nie benutzte, zur Schule fahren, das taten viele Mädchen in meiner Klasse, und meine Eltern fanden auch das gefährlich. Ich versuchte es nur ein Mal, mehr aus Trotz, und wäre am liebsten umgekehrt, als ich die erste größere Straße erreichte, jedes Auto irritierte mich, auf den engen Bürgersteigen konnte ich nicht fahren, und Radwege gab es damals fast keine.

Bei dem Verkehr hier sind Fahrräder zu gefährlich, sagte mein Vater, du gerätst leicht in den toten Winkel von einem der Autos, die fahren dich um, und so ungeschützt, wie du auf dem Rad bist, sind das die schlimmsten Unfälle. Jede Sportart, von der ich meinen Eltern erzählte, barg ein Risiko für Leib und Leben oder die Handgelenke.

Ich wollte so sein wie meine Schulfreundinnen, auch wenn ich nicht Tennis spielte. Wir begannen uns für Jungen zu interessieren, unerreichbare Wesen für uns auf der Mädchenschule. Wir sprachen über Jungen, die wir morgens im Bus sahen, denen meine Freundinnen im Tennisclub begegneten oder mit denen ich zusammen im Orchester spielte, kurze Begegnungen, auf die wir Woche für Woche oder Tag für Tag warteten und über die wir in unseren Tagebüchern schrieben.

Ich füllte jeden Abend Seite um Seite, ich schrieb meine Träume hinein und was tagsüber passiert war, was ich mir wünschte, wer was zu mir gesagt hatte, welche Unterrichtsstunden besonders langweilig gewesen waren und was mir schwerfiel: Mathematik, Physik und Chemie, ich konnte und wollte mich nicht konzentrieren, weil es mich nicht interessierte, ich hörte nicht zu und verstand nicht, worum es ging. Ich konnte vollkommen abschalten, und dann waren der Unterricht und die Schule sehr weit weg, nichts erreichte mich, keine Fetzen oder Bruchstücke, und wenn ich danach versuchte, Hausaufgaben zu machen, war es, als hätte ich noch nie von dem Stoff gehört. Ich konnte mich woandershin träumen, egal, wo ich war, und die Welten verlassen, zwischen denen ich mich noch kurz zuvor mit Leichtigkeit bewegt hatte.

Immer häufiger hatte ich das Gefühl, nirgends zu sein, gar nicht da zu sein. Wo war meine Welt, wo gehörte ich hin? Ich wusste es nicht, mein Geburtsort war Leipzig, aber ich kannte die Stadt kaum noch, hätte mich in ihr ohne Stadtplan verlaufen. Und Aachen? Eine Rheinländerin war ich nicht, wir waren doch anders, wie mein Vater ein ums andere Mal betonte. Ich kannte keine anderen Orte, vielleicht würde ich sie ja finden, später einmal, aber vorstellen konnte ich mir das nicht, und ich musste an das Märchen denken, das ich im Stadttheater bei den *Woyzeck*-Aufführungen gehört hatte, das Märchen von dem Mädchen, das allein durch die Welt wandert und alles nur aus der Ferne sieht, eine trügerische Welt, die aus der Nähe zu Staub zerfällt.

25

Die Herbstferien wollten wir wieder mit meiner Großmutter in der Tschechoslowakei verbringen, diesmal nicht in Karlovy Vary, sondern in Südböhmen. Karlsbad war teuer, das Hotel Moskva war teuer, und meine Eltern fanden ein Angebot in Třeboň, das günstiger war. Mein Vater schwärmte von den Schlössern und Seen dort und den Karpfen, für die die Region bekannt war. Třeboň war eine kleine Stadt unweit der österreichischen Grenze, und wieder mussten zwei Unterkünfte gefunden werden, eine für uns und eine für meine Großmutter.

Am Tag vor unserer Abreise rief das Reisebüro an: Wegen eines Buchungsfehlers stand das Hotel in Třeboň nicht zur Verfügung, wir würden in ein winziges Dorf ausweichen müssen, noch näher an Österreich: Chlum u Třeboně, an Seen gelegen, von denen einer schon ein Stück der Grenze bildete. Mein Vater wurde nervös, er vermutete ein Komplott, eine Falle, in die wir gelockt werden sollten.

Das ist doch Unsinn, was könnten sie damit bezwecken?, fragte ihn meine Mutter.

Zu nah an der Grenze, sagte mein Vater, da wimmelt es von Militär, wir müssen vorsichtig sein und immer zusammenbleiben.

Wir sind Westdeutsche, wir können jederzeit nach Österreich fahren, wenn wir wollen, sagte meine Mutter.

Aber wir haben eine Ostdeutsche dabei, das ist gefährlich, antwortete mein Vater, hast du daran mal gedacht?

Man wird uns Fluchthilfe unterstellen, wenn wir der Grenze zu nah kommen, das geht ganz schnell, und wir merken es vielleicht nicht einmal, dann lauern sie uns auf, und wir verschwinden in einem tschechischen Gefängnis. Wir müssen von der Grenze wegbleiben, und diesen See dürfen wir auf keinen Fall befahren.

Mein Vater telefonierte mit dem Reisebüro und versuchte, den Hintergrund für die Umbuchung zu erfahren, doch niemand wusste etwas, das machte ihn noch misstrauischer.

Wieso sollte uns das Reisebüro eine Falle stellen?, fragte meine Mutter.

Sei nicht so naiv, das ist ein Reisebüro für Ostreisen, da kann die Stasi drinhängen.

Wir fuhren schließlich doch, und tatsächlich mussten wir in die kleine Pension nach Chlum, aber meine Großmutter durfte dort mit uns übernachten. Darauf hatte mein Vater dem Reisebüro gegenüber bestanden, wenn wir schon nicht das gebuchte Hotel bekamen, musste meine Großmutter mitkommen dürfen, denn in Chlum gab es nur diese eine Pension, und nach West und Ost wurde dort nicht unterschieden.

Die Fahrt war endlos, in Třeboň holten wir meine Großmutter vom Bahnhof ab, dann weiter durch die Nacht nach Chlum, wir konnten den Ort kaum erkennen, ein paar hingewürfelte Häuser. An der Durchfahrtsstraße sollte unsere Pension liegen, wir hielten an einer Kreuzung mit einer Ulice Stalinova vor einem schlecht erleuchteten Haus und stiegen müde aus.

Schau dir das an, eine Stalinstraße, sagte mein Vater, das ist doch unglaublich, sonst haben sie daraus wenigstens Karl-Marx-Straßen gemacht, aber hier interessiert das offensichtlich keinen.

Die Tür der Pension war verschlossen, wir klingelten, und es dauerte lange, bis jemand öffnete. Als der kräftige Mann mit dem schon etwas schütteren blonden Haar uns sah, schrie er auf, verschwand und kam kurz darauf mit einer dunkelhaarigen Frau wieder. Beide starrten uns an, redeten aufgeregt miteinander, dann schauten sie wieder uns an.

Sag was auf Russisch, sagte mein Vater zu meiner Mutter, das verstehen sie bestimmt.

Meiner Mutter war das sichtlich unangenehm, doch sie begann zu sprechen, und die beiden verstummten. Sie sahen uns auf einmal misstrauisch an, Bundesrepublik, fragten sie in gebrochenem Deutsch, ja, Bundesrepublik, sagte mein Vater, westdeutsch, fügte er hinzu, und jetzt lächelten sie, führten uns in die Gaststube und holten das Gepäck aus dem Auto.

Die Pension war klein, dunkel, mit engen Zimmern und einem Bad auf dem Gang, das wir uns mit den Besitzern teilten. Ich bekam ein Zimmer zusammen mit meiner Großmutter, und das war neu. Wir aßen in der Gaststube Knödel und spielten danach Karten, es gab kein zweites Hotel, in das meine Großmutter allein zurückkehren musste. Wenn wir spätabends im Bett lagen, erzählte ich ihr stundenlang von meinen Freundinnen, von der Schule und von den Büchern, die ich gern las, bis ich mitten im Satz einschlief.

Mit den Pensionsbesitzern verständigten wir uns nur mit Mühe. Sie konnten zwar Russisch, wollten es aber nicht sprechen, und ihre Deutsch- und Englischkenntnisse waren rudimentär.

Als vier Tage nach unserer Ankunft mehrere Lastwagen vor der Pension hielten und neue Möbel und einen Farbfernseher ausluden, verstanden wir weder die Aufregung noch die offensichtliche Dankbarkeit der Wirtsleute. Am

Tag danach hielt ein weiteres Auto, es wurde Fleisch geliefert, Wild, und noch am selben Abend gab es Hirschgulasch.

Während wir in den hellen Wäldern wanderten und in den Seen schwammen, die nicht an Österreich grenzten, versuchten wir, uns einen Reim auf das seltsame Verhalten des Ehepaares in der Pension zu machen. Meinem Vater fiel ein, dass sich das Reisebüro entschuldigt hatte, dass kein Hotel für Westbürger mehr frei war und wir in eins für Gäste aus dem sozialistischen Ausland einquartiert worden waren. Die hatten noch nie Westdeutsche, sagte mein Vater irgendwann triumphierend, wer weiß, wie lange sie in der Pension auf die Möbel und den Fernseher gewartet haben, und jetzt geht es plötzlich, jetzt, wo wir aus dem Westen da sind.

Wir lachten ihn aus, weshalb sollten unseretwegen Möbel, ein Fernseher und Hirschfleisch geliefert werden?

Ihr habt ja keine Ahnung, sagte mein Vater, wir sind hier die Westdeutschen, sie wollen gut vor uns dastehen. Hier weiß keiner, wo wir eigentlich herkommen.

Seine Theorie stimmte, das erfuhren wir nach langen und mühsamen Gesprächen mit den Wirtsleuten, mit denen wir uns trotz Sprachbarriere anfreundeten. Sie hatten auf die Möbel und den Fernseher gewartet, eine lange Zeit, und waren immer wieder vertröstet worden. Alles war sehr schnell gegangen, nachdem ihnen unser Kommen angekündigt worden war.

Sie zeigten uns die schönsten Seen, still und verträumt in den Wäldern schlafend, das Wasser flaschengrün, und über der Oberfläche tanzten die Mücken, wenn ich mit einem kleinen Boot hinausruderte, das einzige Boot auf dem See, der einsam in der Sonne lag. Ich ruderte und träumte, manchmal zog ich in der Mitte die Ruder ein und hängte die Beine ins Wasser. Ich schwamm nicht gern darin, denn es war voller Schlingpflanzen, aber ich mochte das dunkle Grün, und mein liebstes Kinderbuch fiel mir ein, inzwischen beinahe vergessen, *Wie die Wassermänner den Wels besänftigten*, ein tschechisches Buch, das vielleicht genau hier spielte, auf dem Grund dieses Sees.

Der Herbst war warm, wir lagen in der Sonne und gingen baden, mein Vater hielt Ausschau nach Soldaten, die Grenze war nah, aber nicht sichtbar, nur einmal sahen wir ein Militärfahrzeug, das an uns vorbeifuhr, ohne anzuhalten. Die Pensionsbesitzer hatten einen Sohn, zwanzig Jahre alt, der manchmal zum Wandern mitkam. Als einmal nach einem Regen der Waldweg matschig wurde, hob er mich hoch und trug mich über den Schlamm. Mir war das peinlich, ich wusste nicht, was ich sagen sollte, er hätte mich eh nicht verstanden. Er schenkte mir eine Schallplatte von Karel Gott, ach, das ist der mit der Biene Maja, sagte meine Mutter, und mein Vater verzog das Gesicht.

Wir fühlten uns viel freier in diesem Winkel am Ende der Welt, am Ende unserer Welt, beinahe unbeobachtet, obwohl die Grenze nah war. Hier hörte der Ostblock auf, aber man sah es kaum, es war, als würde er sich verlieren in den Wäldern, verschwinden in den grünen Seen und am blauen Horizont, der Österreich berührte, ohne Stacheldraht und Niemandsland, ohne Soldaten und Schäferhunde, so als würden Wasser und Bäume, als würde die Natur die Ost-West-Gesetze außer Kraft setzen, diese albernen Menschenspiele.

26

Während sich die Welten für mich immer mehr trennten, der Riss zwischen ihnen immer sichtbarer wurde und mein Leben kompliziert machte, blieb die Welt für meinen Vater eins, und im Zentrum stand die Ungeheuerlichkeit des Ostblocks, die Gefahr, die von ihm ausging. Es ging immer um alles, und wenn ich die Leichtigkeit einer westdeutschen Jugend in den Achtzigerjahren nach Hause brachte, meine blaue Wimperntusche zeigte oder mir ein Sweatshirt von Benetton wünschte, wurde mein Vater wütend, ich sei oberflächlich, er verstehe mich nicht, du bist meine Tochter, und meine Tochter muss doch sehen, worum es geht.

Kritisch nahmen meine Eltern hin, dass ich mir Ohrlöcher stechen ließ. Meine Mutter hatte keine, sie trug manchmal Clipohrringe, die sie bald abnahm, weil sie drückten. Ich kaufte mir Kreolen aus blauem und grünem Plastik, mein Vater beschwerte sich, ich sähe aus wie eine Zirkusprinzessin, nicht nur die blaue Wimperntusche, sondern auch diese riesigen Ohrringe, aber ich blieb dabei und versuchte, meine Eltern zu überreden, mir die gewünschten Sweatshirts und Jeansjacken zu kaufen.

Wieso willst du einen Pulli mit Werbung drauf?, fragte mein Vater, dafür müssten die dich doch bezahlen.

Es gibt ganz ähnliche bei C&A, sagte meine Mutter, nur die Schrift fehlt.

Wenn du unbedingt willst, sagte sie irgendwann, wenn alle in deiner Klasse das haben.

Ich begann Dinge zu verbergen, ich wusste meistens, was mein Vater hören wollte, was er vertragen und wo er einfach nicht folgen konnte, wo sein Unverständnis so groß war, dass sich keine Brücke schlagen ließ zwischen seiner und meiner Welt.

In dieser Zeit verabredete ich mich erstmals mit einem Jungen fürs Kino. Er ging auf das Jungengymnasium der Stadt, und wir hatten uns bei einer gemeinsamen Feier unserer Schulen kennengelernt. Er war älter als ich, schon siebzehn, und sah gut aus, wie ich fand. Ich hatte den Film *Angel Heart* vorgeschlagen, der gerade in die Kinos gekommen war. Ich hatte gedacht, ich würde älter und weltläufiger wirken, wenn ich einen Film ab sechzehn vorschlug, obwohl ich erst dreizehn war. Es war die Vorstellung um 17 Uhr, denn um 20 Uhr musste ich zu Hause sein, und niemand fragte nach meinem Ausweis. Als auf der Leinwand zum ersten Mal Blut floss, rutschte ich tiefer in meinen Sessel und schaute weg, ich konnte weder die grausamen Morde noch die Voodoo-Rituale ertragen, und als der Junge vorsichtig nach meiner Hand griff, zog ich sie weg. Es kam mir absurd vor, dass er angesichts dessen, was auf der Leinwand passierte, das tat, was im Kino wohl immer passierte und wovon mir meine Freundinnen erzählt hatten. Auch ich hatte mir das gewünscht, aber nun vermischte sich seine Nähe mit den Bildern des Films, die mich schockierten und verängstigten. Die meiste Zeit starrte ich auf meine Hände und wagte kaum zu atmen, so unangenehm war mir die Situation.

Nach dem Film ging ich gleich nach Hause. Meinem Vater hatte ich gesagt, *Casablanca* würde im Kino gezeigt, das war sein Lieblingsfilm, und er fand die Idee, sich den Film im Kino anzusehen, sehr gut. Mit dem Jungen traf ich mich danach nicht mehr, und in den nächsten Film, *Dirty Dancing*, ging ich mit einer Klassenkameradin.

Angel Heart und *Dirty Dancing* spielten keine Rolle, wenn ich nach Leipzig zu meiner Großmutter fuhr. Die Stadt wurde immer grauer, und es war schwer, die mürrischen Beamten, bei denen ich mich anzumelden hatte, ernst zu nehmen, Herrn Kuhne ernst zu nehmen, in dessen Hausbuch ich mich immer noch eintragen musste, die verblichenen Parolen an den Hauswänden ernst zu nehmen.

Gleichzeitig passierte ich bei meinen Reisen nach Leipzig eine Grenze, die nach wie vor unüberwindlich war, ich sah Stacheldraht, den Streifen Niemandsland, Wachtürme und Soldaten mit Maschinenpistolen und Schäferhunden, vor denen ich Angst hatte. So lächerlich mir vieles in Leipzig vorkam, so konkret blieb die Bedrohung an der Grenze, die das Land umschloss und niemanden durchließ, der keine Erlaubnis hatte zu gehen.

Manchmal traf ich mich in Leipzig mit den Kindern der Freunde meiner Eltern, die so alt waren wie ich. Wir gingen in die Milchbar Pinguin und einmal in das neue Hotel am Bahnhof, das höher war als alle anderen Gebäude der Stadt. Von dem Restaurant im Keller, einem japanischen, hatten meine Großmutter und ich immer geträumt, aber es war unmöglich, dort zu reservieren, auch Monate im Voraus nicht, es war für internationale Messegäste aus dem Westen gedacht, die hier übernachteten, nicht für Leipziger oder DDR-Bürger.

Zwei Teenager, die mit Westgeld bezahlten, ließen sie jedoch wenigstens an die Bar, und wir tranken Grüne Wiese, einen Cocktail mit Curaçao und Orangensaft, der sehr süß schmeckte.

Wir schauten uns neugierig um in dem Hotel, über das

in Leipzig viel geredet wurde, und ich fühlte mich erwachsen, wir redeten über den Alltag in Aachen und in Leipzig, über Schulfächer, die nur eine von uns kannte, Latein und Staatsbürgerkunde, Französisch und Einführung in die sozialistische Produktion, wir sprachen über die Musik, die wir hörten, ich nannte Bandnamen, über die meine Freundinnen sprachen und von denen ich ein paar Lieder kannte.

Durch die riesige abgedunkelte Hotelhalle liefen Menschen, die wir schwer verorten konnten – Osten oder Westen? Stasi oder Geschäftsleute aus der Bundesrepublik? Wir dachten uns Geschichten aus, die uns gruseln ließen, dann verließen wir das Hotel und fuhren mit der gelb-blauen Leipziger Straßenbahn nach Hause.

27

Im April 1986 kam es im Atomkraftwerk von Tschernobyl zum GAU, und im Konsum meiner Großmutter in Leipzig gab es plötzlich frisches Gemüse. Salat, Frühlingszwiebeln und andere Dinge, die sonst rar waren, lagen auf einmal in den Regalen.

Die radioaktive Wolke war über Bayern gezogen, und schnell wurde die Katastrophe bekannt, die eigentlich vertuscht werden sollte. Meine Großmutter kaufte das Gemüse nicht, es vergammelte schließlich, weil niemand es wollte.

In der Schule hatten wir über das Waldsterben gesprochen, wir hatten *Die letzten Kinder von Schewenborn* gelesen, ein Buch, das mich verstört hatte und von dem ich nachts träumte. Darin wurde von einer von Atombomben zerstörten Welt erzählt, die unbewohnbar geworden war. Die Überlebenden litten an schweren Krankheiten, sie irrten auf der Suche nach Nahrung durch eine verwüstete Landschaft. Bilder von Menschen mit der »Strahlenkrankheit« verfolgten mich, von menschenleeren Ruinenstädten, plötzlich wurde der Atomkrieg, von dem alle sprachen, real, und ich war froh, als wir uns im Deutschunterricht *Andorra* zuwandten. Im Schatten des Kalten Krieges wurde die Angst vor der Zukunft immer größer, und Tschernobyl bestätigte die schlimmsten Ängste. Freunde meiner Eltern besorgten sich Geigerzähler, um die Radioaktivität in Haus und Garten zu messen, man sprach über nichts anderes, das Ende der Welt schien nah. Manche meiner Klassenkameradinnen wohnten in einem Haus mit Atombunker im Keller, und ich malte mir aus, was man dort tat, wie lang man es aushielt und was passieren würde, wenn man irgendwann doch herauskommen musste, welche Welt man vorfand und wie lange man in ihr überleben konnte. Mir erschien die Variante, drei Wochen länger zu leben, um dann durch eine menschenleere Welt zu gehen, schrecklicher als ein schneller Tod, wenn die Atombombe fiel.

Wir telefonierten mit meiner Großmutter, wir warnten sie, aber sie schaute Westfernsehen und wusste längst, was geschehen war. Für meinen Vater ging es nicht um das Atomunglück und die Gefahr von Kernkraft, sondern darum, dass der Russe seine Kraftwerke nicht richtig sicherte und dann die Katastrophe auch noch verheimlichen wollte. Er stritt mit jedem, der über die Umweltkatastrophe sprach, der einen »Atomkraft? Nein danke«-Aufkleber auf dem Auto hatte oder über Abrüstung sprach, die nun erst recht notwendig sei. Wieder einmal hatte niemand außer ihm das Problem erkannt, wieder einmal zog der Rheinländer die falschen Schlüsse, sah die eigentliche Gefahr nicht.

Ich nahm so viele Gefahren wahr, sie erschienen mir alle real. Ich schrieb Briefe an meine Großmutter in Leipzig oder an Brieffreundinnen auf grauem, grobem Umweltpapier, und im Biologieunterricht wurde über den sauren Regen und das Ozonloch gesprochen. Fuhr ich nach Leipzig, sah ich die Grenze, den Ostblock, ich sah Menschen, die nicht weggehen, uns nicht besuchen konnten, die sehnsüchtig von Paris oder Rom sprachen.

In dieser Zeit schaute ich im Fernsehen einen Film über eine gelungene Flucht aus der DDR, *Mit dem Wind nach Westen*. Darin fliehen die Protagonisten mit einem Heißluftballon, den sie unter größter Anstrengung gebaut haben – nicht nur war es schwer, den Stoff für den Ballon zu besorgen, sie mussten das unauffällig in möglichst vielen Läden tun, damit keiner nachvollziehen konnte, was sie vorhatten. Die Flucht gelingt, aber einer ihrer Freunde, der über die grüne Grenze zu fliehen versucht, wird von Grenzsoldaten erschossen. Auch diese Bilder verfolgten mich – der schießende Soldat, der Junge, der von den Kugeln getroffen zusammenbricht und allein im Niemandsland der Grenze stirbt.

Beides schien zu stimmen, die Welt der *Kinder von Schewenborn* und die aus *Mit dem Wind nach Westen*, die Strahlenkrankheit und der an der Grenze Erschossene, es gab kein Entweder-oder, die Bedrohung war überall, egal, wohin ich sah, aber immer war da jemand, der sie kleinredete, der sie nicht sehen wollte.

In dem Herbst nach Tschernobyl fuhren wir wieder nach Südböhmen. Es war wie im Jahr zuvor, die endlose Fahrt, die dunkle Straße, die zu der kleinen Pension führte, die hellen Wälder und grünen Gewässer, das Ende von Ost und West am Horizont über dem See.

Als wir das erste Mal in den Wald gingen, sahen wir, dass doch etwas anders war: Überall standen Pilze, größer, als wir sie je gesehen hatten. Maronen, Steinpilze, Fliegenpilze und Pfifferlinge, sie blühten in dem bunten Herbstwald, sie waren wie dunkle Orchideen auf dem Moos und den kleinen Lichtungen, seltsame, verlockende Gebilde, die eigenen, geheimen Gesetzen folgten.

Nicht anfassen, sagte mein Vater, wir sammeln diesmal keine Pilze.

Und hier, in dem Wald im Niemandsland zwischen der Tschechoslowakei und Österreich, trafen die Kinder von

Schewenborn auf den Wind nach Westen, kamen die Katastrophen zusammen und nahmen Gestalt an in den Pilzen, die schön waren und tödlich.

28

Im Frühjahr danach stand mein Vater hinter der Gardine unserer Küche, beobachtete die Haustür und wartete auf die Volkszähler. Meine Mutter hatte sich inzwischen mit den Nachbarn ein wenig angefreundet. Das Holzhaus mit den bodentiefen Fenstern ohne Gardinen fand zwar auch sie merkwürdig, aber die zwei Paare, die darin wohnten, mochte sie. Es war die Zeit der Gartenteiche, und die Nachbarinnen und sie hatten die Berberitzenhecke, mit der mein Vater unseren Garten abgegrenzt hatte, abgerissen und einen Teich angelegt, der sich über beide Grundstücke erstreckte. Darin schwammen Fische, es gab Frösche, die im Sommer nachts manchmal so laut waren, dass man nicht schlafen konnte, und Seerosen.

Doch als die Volkszähler kamen, wurde die neue Freundschaft meiner Mutter auf eine Probe gestellt. Es war klar, dass wir einer der wenigen Haushalte in dem Neubaugebiet waren, die den Volkszählern überhaupt die Tür öffneten, auch die Nachbarn hatten deutlich gemacht, dass sie an der Volkszählung nicht teilnehmen würden.

Ich muss mit ihnen doch nicht über Politik reden, sagte meine Mutter zu meinem Vater, wir haben genug mit der Teichbepflanzung zu tun, da sind wir einer Meinung.

Mein Vater war ärgerlich, es ging hier wieder mal um alles: Sicherheit, Solidarität mit einem Staat, der seine Bürger schützte, Eindämmung der Gefahr aus dem Osten in Gestalt von Stasispitzeln.

Ich habe nichts zu verbergen, sagte mein Vater, und ich leiste meinen Beitrag für Transparenz, ich gebe dem Staat all die Informationen über mich, die er braucht.

Das sehen hier viele anders, sagte meine Mutter, und eine Diskussion darüber ist müßig, wir werden uns nicht einig. Halt dich zurück, sagte sie, das macht jeder, wie er will.

Und ich will, dass die Volkszähler sich bei uns willkommen fühlen, sagte mein Vater, er kochte Kaffee und besorgte Kuchen, Blechkuchen mit Mohn, den er selbst gern aß. Dann stand er hinter der Gardine und wartete, er sah, wie ihnen bei den Nachbarn nicht geöffnet wurde und wie sie zögerlich auf unser Haus zukamen. Demonstrativ öffnete er ihnen die Tür, sie waren überrumpelt und folgten ihm überrascht und erleichtert an den gedeckten Kaffeetisch.

Meine Mutter und unsere Nachbarn verloren danach kein Wort über die Volkszählung, sie trafen sich im Garten und diskutierten über Wasserpflanzen für die Flachwasser- und die Tiefwasserzone, über Froschlöffel, Blumenbinse und die Gelbe Teichrose, die besonders schön blühte.

In den Jahren zuvor war die Friedensbewegung immer stärker geworden, die Menschen demonstrierten gegen den NATO-Doppelbeschluss und die Pershing-Raketen. Gorbatschow sprach seit einem Jahr von Glasnost und Perestroika, aber daran glaubte mein Vater nicht, während unsere Nachbarn zu den Demos fuhren.

Der Russe rüstet nicht ab, sagte er, zum Glück bleibt Reagan hart, und die SPD ist hier abgewählt.

Als er am Ersten Mai morgens aufwachte und einen mit bunten Bändern geschmückten Maibaum, der an unserer Regenrinne befestigt war, entdeckte, vermutete er ein Komplott der grünen Nachbarn gegen sich zum Tag der Arbeit.

Ich schlief noch, es war ja Feiertag, und sein wütendes

Schimpfen weckte mich. Eine Unverschämtheit, rief er empört, wenn ich die erwische – der höchste kommunistische Feiertag, das habe ich hinter mir gelassen, und jetzt machen mir diese Idioten mit einem dummen Scherz die Regenrinne kaputt.

Ich stand auf und sah vorsichtig aus dem Fenster. Da stand er, der Maibaum, auf den ich gehofft hatte, eine kleine Birke, mit roten und blauen Bändern geschmückt, kein Symbol der Arbeiterklasse oder ein Angriff auf meinen Vater, sondern schlicht ein alter Brauch, mit dem Jungen in Aachen und Umgebung Mädchen ihre Zuneigung erklärten. Mein Vater kannte den Brauch nicht, und es dauerte lange, ihn zu beruhigen und ihm zu versichern, dass dieser Baum nichts mit ihm oder seiner politischen Meinung zu tun hatte, sondern für mich war, eine Art Blumenstrauß. Grummelnd zog mein Vater sich ins Bad zurück, er fragte noch, wer ihm die Regenrinne bezahle.

Sei nicht so, sagte meine Mutter, das ist doch nett und sieht hübsch aus. Sie freute sich für mich, sie wusste, dass ich auf diesen Baum gewartet hatte.

Oft verteidigte sie mich nun gegen die Ausbrüche meines Vaters, die zunahmen. Sie tat das leise und meistens erst, wenn ich nicht dabei war. Wenn wir zu dritt waren, lächelte sie mich entschuldigend an, das hat doch keinen Zweck, sagte sie zu mir, wenn ich sie später fragte, warum sie nicht auf meiner Seite sei, warum sie einfach nichts sage.

Dann wird er noch wütender, ich warte lieber, bis er sich beruhigt hat. So erreiche ich viel mehr, sagte sie, aber ich wurde auch wütend auf sie, vor allem, wenn mir die Forderungen und Verbote meines Vaters abwegig vorkamen. Wieso hielt sie nicht offen zu mir, oft war doch klar, dass ich recht hatte oder dass mein Vater überreagierte. Was sollte die Taktiererei, warum mussten wir überhaupt Rücksicht nehmen auf die Launen meines Vaters?

Seine Wutausbrüche – häufig überraschend, weil ich nicht abschätzen konnte, was sie auslöste – machten mir zu schaffen, ich brach in Tränen aus oder schrie zurück, ich hatte Angst davor und war wütend, aber ich hatte auch ein schlechtes Gewissen, weil ich seine Enttäuschung spürte, die Enttäuschung darüber, dass ich etwas anders machte, als er es sich wünschte, dass ich dies oder jenes nicht länger so sehen konnte wie er, obwohl ich doch seine Tochter war.

Meine Mutter lebte in ihrer eigenen Welt, und wenn wir Musik hörten, suchte sie immer Stücke aus, die in Moll geschrieben waren. Die sind schöner, sagte sie, und mein Vater schimpfte dann, was ist das für eine Einstellung, im Leben gibt es so viel Dur. Sie übte und übte immer noch, und in den Ton der Geige, der nicht so war, wie er sein sollte, mischten sich andere Töne, es fiepte und pfiff und rauschte, auch nachdem sie die Geige weggelegt hatte, sie hörte die Töne nachts, wenn sie schlafen wollte, und tags, wo immer sie war, ein schreckliches Konzert, mit dem sie allein war. Wieder ging sie zu Ärzten, sie ging von einem zum anderen und schließlich zu einem Neurologen.

Die Töne hießen Tinnitus, und man wurde sie nie mehr los, sagte er ihr, sie musste lernen, damit zu leben, wie sie mit den unruhigen Beinen, den schlaflosen Nächten und den Fingern, die nicht mehr so spielten, wie sie wollte, leben musste.

Sie sind schwer depressiv, sagte der Neurologe außerdem zu ihr, Sie müssen sich unbedingt in Behandlung begeben, so können Sie nicht weitermachen, hat Ihnen das noch keiner gesagt?

Mein Vater verstand diese Krankheit nicht, was sollten Depressionen sein? Es war doch alles gut, meine Eltern hatten gekämpft und gelitten, aber jetzt waren sie frei.

Am besten sprichst du mit dem Pfarrer, empfahl er ihr, was willst du bei einem Psychotherapeuten, das ist Unsinn.

Aber es war kein Unsinn, der Pfarrer konnte nicht helfen, und auch die Therapien erst nach langer Zeit. Sie schickten meine Mutter zu einem Psychiater, der ihr Antidepressiva verschrieb, sie wurde noch stiller und nahm zu, abends schluckte sie Schlaftabletten, morgens konnte sie immer noch nicht aufstehen, sie war wie in eine dicke Schicht Watte gepackt, durch die sie die Welt nur von fern wahrnahm.

Mein Vater begleitete meine Mutter zum Psychiater, der ihm sagte, eine Depression sei eine Krankheit wie jede andere auch. Mein Vater lernte dazu und wollte genau wissen, was man dagegen unternehmen konnte. Schon bald erklärte er Freunden und Verwandten, worum es sich handelte, neurobiologische Veränderungen im Gehirn, sagte er, man nimmt Antidepressiva und geht zum Psychiater, der kann helfen, und die Medikamente bringen das Ungleichgewicht der Botenstoffe in Ordnung. Bald wird es wieder gut, versuchte er meine Mutter aufzumuntern.

Aber es würde viele Jahre lang nicht gut werden, und irgendwann konnte meine Mutter nicht mehr in die Musikschule gehen, um dort zu unterrichten, sie wollte die Tür zu Hause nicht mehr öffnen, wenn Kinder zum Privatunterricht kamen, sie wollte die Geige überhaupt nicht mehr anfassen. Das Instrument, das sie so geliebt hatte, war zum Feind geworden, so wie die Töne und das Rauschen in ihren Ohren. Sie saß neben uns, sie blätterte in einem Buch, ohne darin zu lesen, und mein Vater redete und redete, denn unser Leben musste gut sein, es konnte gar nicht anders als gut sein, hier im äußersten Westen des Landes, nach allem, was uns passiert war.

29

Wir reisten nach Israel, Frankreich, Griechenland oder Spanien. Je südlicher und wärmer, desto besser, meine Mutter sehnte sich nach Licht und Sonne, mein Vater drehte die Heizung auf und buchte Urlaube. Auf Reisen war meine Mutter fröhlicher, offener, jeder Sonnentag munterte sie auf, der blaue Himmel, das Meer, die Palmen.

Irgendwann fuhren wir immer zurück nach Aachen, wo es im Sommer häufig regnete, und auch mir kam die Stadt dann trist vor, ich war niedergeschlagen, wenn die ersten Vororte auftauchten, wenn wir in Richtung Vaals fuhren und die Straße hoch zu unserem Neubaugebiet, wenn unser rot verputztes Haus auftauchte und mein Vater fröhlich rief, endlich zu Hause.

Die Dur-Welt meines Vaters, seine Heiterkeit und Lautheit waren eine Zumutung, ich las als Gegengift sämtliche Bücher von Joseph Roth, Hermann Hesse und die dunklen Märchen von E. T. A. Hoffmann. Die Moll-Welt meiner Mutter war mir vertrauter, ich fühlte mich zu Hause in ihr. In Leipzig durchsuchte ich die Buchhandlungen nach den Klassikern des zwanzigsten Jahrhunderts, nach Werfel und Zweig, und in der Schule konnte ich mich vor allem in den naturwissenschaftlichen Fächern überhaupt nicht konzentrieren.

Das hat sie von dir, sagte mein Vater zu meiner Mutter, ich war gut in Mathematik. Ich träumte vor mich hin, träumte mich in eine Welt aus Brahms, Tschaikowsky und dem untergegangenen Habsburger Reich Joseph Roths oder blätterte mit meinen Freundinnen in der *Bravo*, hörte Depeche Mode und die Pet Shop Boys, Madonna und The Cure, heimlich und mit schlechtem Gewissen.

Die Welt veränderte sich, aber wir merkten es nicht, zu fest saßen wir im Raum zwischen Ost und West, in unserem eigenen Universum. Mein Vater sprach viel über Gorbatschow und seine Reformen, was das bedeuten könnte und wohin das führte, er war misstrauisch und rechnete mit dem Schlimmsten.

Dann meldeten sich russische Freunde meiner Eltern, nach zehn Jahren, in denen kein Kontakt möglich gewesen war. Mein Vater hatte als Schulleiter eines Musikkonservatoriums in der DDR einen Schüleraustausch mit einem Petersburger Konservatorium organisiert und sich eng mit der Deutschlehrerin der Schule angefreundet, Margarita. Sie hatten sich gegenseitig besucht, bei uns wurde viel über sie gesprochen, aber seit wir in Westdeutschland lebten, hatten wir nichts mehr voneinander gehört. Ein paarmal hatte ich Briefe an sie mit in die DDR genommen, die wir dann von dort abschickten, ob sie je angekommen waren, ob Margarita geantwortet hatte, wussten wir nicht. Nun aber schrieb sie uns, und der Brief kam an.

Es schien sich also wirklich etwas zu ändern in der Sowjetunion, und während die Ausreisebedingungen aus der DDR nach wie vor restriktiv waren, konnten Bürger der Sowjetunion plötzlich reisen. Gorbatschow stieg in der Achtung meines Vaters, nur befürchtete er, man würde ihn nicht lang an der Macht lassen, er rechnete mit einem Attentat oder Staatsstreich.

Erst einmal besuchte uns Margarita, sie war klein und korpulent, sprach Deutsch mit starkem Akzent und erzählte meinen Eltern von Musikern, die nach Deutschland kommen wollten und denen wir helfen müssten. Denn das Regime war schwächer, die wirtschaftliche Lage aber schlechter geworden, und für Künstler – auch die verdienten des Volkes – gab es wenig Möglichkeiten.

Einen Pianisten legte uns Margarita besonders ans Herz, hochbegabt, politisch unbeliebt, weil er die falschen Witze erzählt hatte, ein polnischstämmiger Jude, dessen Großmutter Hofdame der letzten Zarin gewesen war. Jegor kam im Herbst 1987 zum ersten Mal nach Aachen, meine Eltern hatten ein Konzert für ihn in der Musikschule organisiert, er sollte eine Woche bleiben, dann würden sie überlegen, wie es weitergehen könnte. Er war riesengroß, hatte Sommersprossen und rotblonde Haare, die er halblang trug wie Franz Liszt. Und er sprach kein Wort Deutsch, machte sich mit Händen und Füßen verständlich, während meine Mutter erst stockend und dann immer flüssiger Russisch zu sprechen begann.

Als er am Morgen nach seiner Ankunft auf unserem Flügel zu üben begann, blieb mein Vater, der gerade in sein Arbeitszimmer gehen wollte, auf dem Treppenabsatz stehen. Jegor spielte die »Ungarische Rhapsodie Nr. 2« von Liszt in einer Geschwindigkeit und Lautstärke, dass nicht nur der Flügel, sondern das ganze Haus bebte. Margarita hatte gesagt, dass sie Jegor für einen der begabtesten Künstler halte, denen sie je begegnet sei, und meine Eltern gaben ihr recht. Jegors Finger glitten mühelos über die Tasten, sie tanzten, kannten keine Grenze, immer schneller, immer lauter, dann zart und leise. Aber statt durch die europäischen Konzertsäle war Jegor in Kulturhäuser entlegener Sowjetrepubliken geschickt worden, mit verstimmten Klavieren und ungeheizten Räumen, und einmal war die Klaviatur eines Flügels in Wladiwostok kaputt gewesen, und Jegor hatte ratlos vor einer kleinen Gruppe von Zuhörern gesessen, die nicht verstanden, warum der Mann aus Leningrad nicht spielte.

Der muss herkommen, er muss hier bekannt werden, sagte mein Vater, und meine Eltern machten diese Karriere zu ihrer Mission. Ab da wohnte Jegor monateweise bei uns, und meine Mutter organisierte Konzerte für ihn – in immer größeren Konzertsälen. Jegors Deutsch wurde besser und das Russisch meiner Mutter auch, sie unterhielten sich angeregt und lebhaft, mein Vater hörte aufmerksam zu, nickte und sagte *eto wsjo, spokojny towarischtsch* und *spasibo bolschoje*. Über sein Gesicht legte sich dann das Lächeln, dem ich ansah, dass er nur sehr wenig verstand.

Manchmal ärgerte ich mich über ihn, wieso störte es ihn nicht, dass wir gemeinsam am Tisch saßen und dem Gespräch nicht folgen konnten? Ich ahnte, dass er zu allem bereit war, wenn es meiner Mutter nur besser ginge, wenn sie einen Sinn und eine Zukunft in ihrem Leben sähe – und dieser Pianist war eine Aufgabe, jemand, für den sie sich einsetzen wollte. Sie lachte viel mit Jegor, der Humor hatte und die seltsamsten deutschen Redewendungen aufschnappte und wiedergab, sie stürzte sich voller Elan in die neue Aufgabe und war bald vollkommen absorbiert davon.

In diesen Jahren trat meine Mutter aus den Schatten, schien ein eigenes Leben gefunden zu haben, eines, in dem sie nach vorn schaute und nicht bedauernd auf das, was nicht mehr möglich war. Für sie öffnete sich eine Tür – und ich hatte Angst, sie zu verlieren. Das, was ich ihr so gewünscht hatte, war eingetreten und passte mir nun nicht.

Manchmal kam auch Jegors Sohn, ein paar Jahre älter als ich, der denselben Namen trug wie sein Vater. Ebenfalls riesig und sehr dünn, hatte er ein leidendes Christus-Gesicht, das Gegenstück zum Liszt-Kopf des Vaters. Auch er blieb Woche um Woche, auch er spielte Konzerte, die meine Mutter organisiert hatte, und auch wenn ich das Russisch-Deutsch-Durcheinander lustig fand und manchmal mitlachen konnte, war ich immer öfter ungehalten und gereizt.

Der kleine und der große Jegor, wie meine Eltern sie nannten, wurden Teil unserer Familie, und ich fand, dass sie eine Parallelwelt bildeten, in der meine Mutter zu viel Zeit verbrachte. Ich ging zu vielen von Jegors Konzerten, ich begriff, wie außergewöhnlich er spielte, was er konnte und wie er in der Musik versank, ich lachte nach den Konzerten, wenn wir ihn feierten, mit ihm und über ihn, über sein immer flüssigeres Deutsch, das wie frei erfunden wirkte und die Gesetze der Sprache außer Kraft setzte. Dass meine Mutter fröhlicher war, wenn er da war, versetzte mir einen Stich, und ich schämte mich dafür, konnte an dem Gefühl aber nichts ändern, das mein Vater keinen Augenblick lang zu haben schien, in all den Jahren nicht, die Jegor und sein Sohn bei uns verbrachten.

Irgendwann ging der kleine Jegor nach Israel, und der große Jegor bekam eine Professur in Süddeutschland, und wir sahen uns nicht mehr so häufig, aber das war nach der Wende, als ich schon im Studium war und kaum noch zu Hause.

30

Im Herbst 1987 reiste Erich Honecker erstmals in die Bundesrepublik. Dass er als Staatsgast empfangen wurde, würde die deutsch-deutschen Beziehungen verändern, hieß es im Fernsehen. Unser Ansprechpartner im innerdeutschen Ministerium rief meinen Vater an und sagte, jetzt ist die Gelegenheit, wir haben Nachricht, dass man ohne Visum einreisen kann, auch Republikflüchtige wie Sie. Sicher kann man es nicht sagen, aber versuchen sollten Sie es.

Mein Vater zögerte, war das nicht zu riskant?

Das Schlimmste, was Ihnen passieren kann, ist, an der Grenze abgewiesen zu werden, sagte der Beamte, dann haben Sie die weite Fahrt umsonst gemacht.

Das wäre die schönste Überraschung für die Oma, sagte meine Mutter, wir fahren morgen früh los und sind am Nachmittag bei ihr, wir rufen sie vorher nicht an, sonst ist sie enttäuscht, wenn es nicht klappt.

Mein Vater gab nach, schnell wurde ein kleiner Koffer gepackt, und am nächsten Tag fuhren sie los. Ich musste der Schule wegen zurückbleiben.

Ich war so aufgeregt wie sie. Weil es ein Wagnis war, einfach loszufahren, weil man nicht wissen konnte, was meine Eltern an der Grenze erwartete, weil ich allein zu Hause blieb und tun und lassen konnte, was ich wollte: vor allem in die Disco gehen, wo mein Vater mich sonst freitags und samstags um halb zehn Uhr abends abholte, dann, wenn es langsam losging.

Meine Eltern fuhren Richtung Osten, und meine Schul-freundin Christina kam zu mir. Sie hatte ihren Eltern gesagt, sie könne bei mir übernachten, auch sie musste sonst gegen zehn Uhr zu Hause sein, und wir planten eine Nacht, in der uns niemand abholte, in der wir bis zum Schluss bleiben konnten. Wir probierten alle meine Kleider an, dann die meiner Mutter, toupierten uns die Haare und schminkten uns mit glitzerndem Bronzepuder, bis meine Freundin in den Spiegel schaute und sagte, ich glaube, es reicht jetzt. Dann mussten wir auf den Anruf meiner Eltern warten, den Anruf aus Leipzig oder von einer Telefonzelle an der Grenze.

So oder so sind sie frühestens um drei Uhr in der Nacht zurück, und das nur, wenn sie umkehren müssen, sagte ich und riss eine Packung Miracoli auf. Wir aßen die Nudeln mit Tomatensauce und entschieden uns für ein Outfit, wir stopften uns dicke Schulterpolster in die Blusen und sprüh-ten viel Haarspray ins Haar.

Um zehn Uhr klingelte das Telefon, ich riss den Hörer von der Gabel und hörte die Stimme meiner Großmutter, fröhlich und hell, die Mutti und der Vati sind da, sagte sie, kannst du dir das vorstellen, es hat an der Tür geklingelt, und dann waren sie da.

An der Grenze hatte man meine Eltern herausgewinkt, es hatte lange gedauert, aber dann durften sie weiterfahren, mehr als zehn Jahre nach dem 19. Februar 1977 zurück nach Leipzig, einfach so, ohne Visum.

Aufgeregt beendete ich das Gespräch, nachdem ich mei-ner Großmutter versichert hatte, dass ich sehr gut allein zurechtkam.

Können wir jetzt gehen, fragte Christina, oder rufen sie noch mal an?

Sie rufen nicht noch mal an, sagte ich, sie sind beschäftigt.

Sicher?

Ganz sicher, sagte ich und stellte mir meine Eltern und meine Großmutter im Wohnzimmer der Wohnung in der Krochsiedlung vor, im Norderneyer Weg 9b.

Wir zogen die Jeansjacken mit dem Teddykragen an und verließen das Haus, um den Bus zur Disco zu nehmen. Dort bestellten wir Batida Kirschsaft und Southern Comfort mit Ginger Ale und zum Schluss Bailey's. Wir kamen uns erwachsen vor, weil es elf Uhr wurde, dann Mitternacht, und wir tanzten und tanzten.

Ein Mädchen aus unserer Klasse, das wir bewunderten, weil sie immer die besten Klamotten hatte und weggehen durfte, so lange sie wollte, beachtete uns plötzlich, und wir stellten uns zu ihr und ihrer Clique. Es roch nach Zigaretten und Schweiß und Parfüm, wir nippten an den viel zu süßen Drinks. Der letzte Bus war längst abgefahren, als wir gingen, und der Bruder der coolen Klassenkameradin fuhr uns nach Hause, was uns gut gefiel. Wir waren so aufgeregt, dass wir nicht schlafen konnten, wir kochten Vanillepudding und saßen in der Küche, bis es zu dämmern begann.

Als ich irgendwann ins Bett fiel, dachte ich an meine Eltern, die jetzt auf dem ausziehbaren Sofa meiner Großmutter in Leipzig schliefen. Sie hatten sich nicht bei der Polizei anmelden müssen, erzählten sie, als sie nach ein paar Tagen zurückkamen, aber Herr Kuhne hatte auf den Eintrag ins Hausbuch bestanden.

Die Welt war plötzlich eine andere geworden, all die vertrauten Regeln schienen außer Kraft gesetzt, die Fahrten in die Tschechoslowakei überflüssig, bald würde meine Großmutter sechzig Jahre alt, es fehlten nur noch ein paar Monate, und dann wären die Besuche bei ihr Vergangenheit.

Das kleine graue Land würde uns viel weniger angehen als zuvor, es würde nur noch das Land unserer Herkunft sein und für mich vielleicht nicht einmal mehr das, was erinnerte ich noch von meinen frühen Kinderjahren, die Bilder verschwammen seit Jahren, sie waren fast nicht mehr da.

Zum Abschluss des Schuljahres war eine Klassenfahrt nach Berlin angesetzt. Ein Tag in Ostberlin stand auf dem Plan, am Bahnhof Friedrichstraße sollten wir mit einem Tagesvisum in den Ostteil der Stadt gehen und dort den Alexanderplatz besuchen und das Pergamonmuseum.

Bei den Vorbereitungen wurde viel über die geteilte Stadt und Ostberlin gesprochen, über die DDR und die Mauer, und immer wieder wanderten die Blicke der Lehrerin zu mir, die sich nicht beteiligte. Die Frage, ob ich nicht etwas dazu sagen, von meinen eigenen Erfahrungen erzählen könnte, war mir unangenehm. Ich wollte nicht, ich wusste auch nicht genau, was, ich kannte Berlin und Ostberlin nicht, wusste nicht, wo sich die Mauer durch die Stadt zog. In Leipzig war Ostberlin weit weg gewesen, so wie Westberlin weit weg von Aachen war. Ich wollte wie meine Klassenkameraden als Touristin in den Ostteil der Stadt gehen, in der ich in meinem Leben nur ein einziges Mal gewesen war, am Märchenbrunnen in Friedrichshain, damals als wir auf die Fluchthelfer warteten, aber ich wusste weder, wo das war, noch hatte ich irgendeine Erinnerung daran, auch nicht an den Weihnachtsmarkt am Alexanderplatz, den wir danach besucht hatten. Ich hütete mich, davon zu erzählen, und als Referate zu einzelnen Denkmälern und Sehenswürdigkeiten der Stadt verteilt wurden, meldete ich mich für eines über die Siegessäule, das ich halbherzig hielt, ohne mich wirklich damit zu beschäftigen.

Unsere Jugendherberge war am Wannsee, es war Frühsommer, und Berlin war grün und voller Licht. Wir spazierten den Ku'damm entlang, die Stadt kam uns riesig vor, wir fuhren von Sehenswürdigkeit zu Sehenswürdigkeit und hörten nicht zu, wenn unsere Lehrerinnen über die Bedeutung der Orte sprachen, an denen wir vorbeifuhren, alles aufgeladen mit deutscher Geschichte von Tod und Vernichtung, Teilung und Hass, Krieg und Auslöschung.

Es erreichte uns nicht, wir sahen nur den Frühsommer, das helle Grün der Blätter an den Bäumen, das Blau des Wannsees und die weißen Wolken am Himmel, wir hörten den Referaten nicht zu, kamen nie pünktlich zu den Treffpunkten – auch an dem Tag in Ostberlin nicht, weil wir trödelten, träumten, endlos kicherten und uns unterhielten, und das geteilte Berlin, das Zentrum des Kalten Krieges, war bloß eine Kulisse, die uns nicht weiter interessierte.

Im November desselben Jahres, am Tag ihres sechzigsten Geburtstages, setzte sich meine Großmutter in einen Zug nach Köln. Sie fuhr weg aus der grauen Stadt, und das Kapitel der Reisen zwischen Ost und West war vorbei, endgültig.

31

Als im Herbst 1989 die Mauer fiel, saß ich vor einem Fernseher in Lansing, Michigan, und versuchte zu verstehen, was zu Hause passierte. Es konnte ein Film sein oder einfach ein Missverständnis, jedenfalls war es vollkommen unwahrscheinlich und nicht nachvollziehbar. Gestalten auf der Mauer, offene Grenzen, Grenzsoldaten, die einfach zur Seite traten und den Menschenstrom passieren ließen, jubelnde, weinende Menschen. Ihre Gefühle verstand ich nicht, sie kamen mir so unecht vor wie die viel zu bunten Zuckerstreusel auf den Donuts, die ich hier aß.

Seit Juni war ich in den USA, ging zur Schule, wie es mein Vater seit Langem geplant und organisiert hatte. Ich war von Frankfurt nach Chicago geflogen und dort in ein Flugzeug nach Michigan umgestiegen. Die Familie, die mich in Lansing am Flughafen abholte, kannte ich von der Amerikareise mit meinen Eltern sechs Jahre zuvor, damals war vereinbart worden, dass ich bei ihnen wohnen würde. Meine Gasteltern waren Rechtsanwälte, hatten eine Tochter, jünger als ich, und einen großen, alten, braunen Pudel, den ich nicht mochte, weil er fürchterlich stank, was außer mir niemand zu bemerken schien.

Ich hatte zwei große Koffer und meine Geige dabei, mein erster Freund blieb zu Hause zurück, wir wollten uns jede Woche schreiben, denn die Ferngespräche waren viel zu teuer, und weder war ein Besuch von ihm noch ein Rückflug zwischendurch für mich vorgesehen.

Ich hatte Heimweh, gewöhnte mich aber an die neue Schule und freundete mich mit all denen an, die so wie ich nicht richtig dazugehörten. Ich versuchte, den Baseball- und Footballspielen meiner Schulteams zu folgen, und gab es bald auf. Die Begeisterung für komplizierte Ballspiele konnte ich nicht nachvollziehen, und ich langweilte mich in den meisten Unterrichtsstunden, da ich den Stoff schon kannte.

Dort in Michigan verliebte ich mich in die englische Literatur. Es war der einzige Schulkurs, der mir Schwierigkeiten bereitete, weil der Lehrer uns überforderte und begeisterte, wir lasen *Beowulf*, und er ahmte das Ungeheuer Grendel nach, er rezitierte den Text, bis er lebendig wurde, wir lasen Charles Dickens, *A Tale of Two Cities*, und schrieben Tests, in denen Details des Buches abgefragt wurden, die wir gar nicht bemerkt hatten, wir lernten englische Wörter, die keiner von uns kannte, auch die Muttersprachler nicht, *serendipity*, *diaphanous* und *incendiary*, die ich mir einprägte und leise vor mich hin murmelte. Es war eine katholische Privatschule, wieder einmal, meine Gastfamilie hatte sie empfohlen.

Eines Tages wurde ich von einer Inner City School eingeladen, im Deutschunterricht etwas zu meiner Heimat zu erzählen, es war der einzige Einblick in eine andere amerikanische Realität, schmutzige Schulflure und eine Lehrerin, die mir sagte, die Schließfächer würden regelmäßig kontrolliert und Schusswaffen habe keiner, nur Messer. Ich erzählte auf Englisch etwas über Deutschland und war froh, dass ich bald wieder gehen konnte, ich konnte die Gleichaltrigen, die Messer bei sich trugen, wenn sie zur Schule gingen, nicht in meinem Universum verorten, das lag außerhalb meiner Vorstellung.

Ich erlebte die Fourth-of-July-Parade in einem kleinen Ort, wo meine Gastfamilie ein Ferienhaus hatte, ich aß geröstete Marshmallows, besuchte Washington D. C. und den Lake Michigan, der aussah wie ein Meer, ich probierte alle Fast-Food-Ketten aus und ging jeden Tag nach der Schule zu Taco Bell, wo es mexikanisches Essen gab, etwas ganz Neues für mich. Ich verdiente als Babysitter in der Nachbarschaft ein paar Dollar, schrieb jede Woche lange Briefe auf blauem Luftpostpapier an meinen Freund in Aachen, und alle zwei Wochen telefonierte ich mit meinen Eltern.

Sie erzählten mir, dass immer mehr Menschen die DDR verließen, dass Ausreisewillige die Botschaften in Prag und Budapest belagerten, von den Montagsdemonstrationen, die Menschen gingen auf die Straße, darunter die Freunde meiner Eltern. Mein Vater war besorgt, in der Logik des Systems war das nicht vorgesehen, bis jetzt war immer geschossen worden, und anders konnte es auch diesmal nicht sein. Wir kannten die Soldaten, sie hatten ihre Maschinenpistolen und Schäferhunde, sie schossen an der Grenze, sie würden überall schießen.

Gut, dass du weit weg bist, sagte mein Vater am Telefon, wir wissen nicht, wie es hier weitergeht, es ist ein Pulverfass, das kann uns jederzeit um die Ohren fliegen.

Ich dachte an seinen Vorratsschrank im Keller, gefüllt mit haltbaren Lebensmitteln für alle Fälle, ich sah meine Eltern vor mir, wie sie noch einmal flohen, gemeinsam mit meiner Großmutter, ich sah sie in Lansing, in den ruhigen, baumbestandenen Straßen, auf denen graue Eichhörnchen spielten und in denen die DDR und die Bundesrepublik unbedeutend und unverständlich erschienen. Ich sah meinen Vater, wie er den Amerikanern in seinem schlechten Englisch die DDR erklärte. Wieder wäre es ein neues Leben gewesen, wieder ein neues Land, aber die Richtung nach Westen die gleiche, die einzig mögliche, richtige.

Woche für Woche wuchs der Strom der Demonstranten, die amerikanischen Nachrichtensender berichteten staunend und ungläubig, unschlüssig, was das bedeutete, aber mit jener Euphorie, die das Leben und die Sprache hier durchzog und die ich noch nicht verstanden hatte – rätselhafte Bedeutungen, rätselhafte Unverbindlichkeit.

An jenem Abend rief ich meine Eltern an, und sie sagten, ja, es stimme, die Grenze sei offen, und man wisse nicht, wie lange und was passieren würde. Am nächsten Tag gratulierten mir meine Mitschüler und die Lehrer, sie freuten sich, obwohl man ihnen anmerkte, dass sie nicht genau wussten, worüber. Stundenlang beantwortete ich ihre Fragen zur DDR, zur Grenze und zu Berlin, der geteilten Stadt in einem geteilten Land. *No, you couldn't leave GDR. The wall was only in Berlin. Berlin was East and West but around it was GDR. Yes, there are highways in East and West Germany.*

Kurz vor Weihnachten flog ich zurück nach Deutschland, ich verabschiedete mich von meiner Gastfamilie und von meinen Mitschülern, *you are very special*, schrieb mir einer von ihnen zum Abschied, *don't let anyone tell you otherwise*, doch ich war froh, dass die Zeit vorbei war, dass ich zurück nach Hause fahren konnte, dass Weihnachten so war wie jedes Jahr, mit der ganzen Familie, der Weihnachtsgans und dem mit Lametta geschmückten Weihnachtsbaum.

Aus »Wir sind das Volk« war inzwischen »Wir sind ein Volk« geworden, was mein Vater begrüßte, Deutschland war immer *ein* Land gewesen, und so hatte man uns in der Bundesrepublik aufgenommen, als Deutsche mit Anspruch auf einen westdeutschen Pass.

Aber seine Euphorie über die Grenzöffnung war schon

einer Ernüchterung gewichen. Viele seiner Leipziger und Dresdner Freunde wollten nicht einfach ein Volk sein, sie redeten von einem dritten Weg und von einer Chance für die Bundesrepublik, etwas zu verändern, einen Neuanfang zu wagen, sie wollten politische Teilhabe und alles auf den Prüfstand stellen.

Wir brauchen keinen Neuanfang, sagte mein Vater, die können froh sein, wenn wir da drüben sanieren, es ist doch alles hinüber. Plötzlich war sein Wir das eines Westdeutschen, der wusste, dass er auf der richtigen Seite stand und alles besser gemacht hatte. Sie stritten und diskutierten hitzig, zu unterschiedlich waren die Erfahrungen, zu weit entfernt die Welten, die Lebensläufe. Eine Fremdheit schlich sich zwischen meinen Vater und die Leipziger Freunde, die unerwartet kam und ihn wütend machte und die mir zeigte, dass unser Leben zwischen Ost und West eine Illusion gewesen war, ein Seiltanz im Nirgendwo, dass wir, so wie wir im Rheinland nie ganz dazugehörten, auch nach Leipzig nicht mehr passten.

Sprach ich in dieser Zeit mit Menschen aus dem Osten, hörte ich erste abschätzige Bemerkungen über Wessis. Sollte ich mich angesprochen fühlen? Ich wusste es nicht und tat es doch. Nannte ich in Aachen meinen Geburtsort, kamen abfällige Bemerkungen, die neu waren, eine Verächtlichkeit diesem auf einmal so nahen Osten gegenüber, die mich verletzte und traurig machte und von der ich mich auch gemeint fühlte.

Die Leute im Osten waren auf einmal lächerlich, man verkaufte ihnen uralte Computer oder kaputte Autos oder übeteuerte Bananen, man drehte ihnen nutzlose Versicherungen an, man staunte über ihre Ahnungslosigkeit und Unsicherheit. All der Mut, das Geschick und der Humor, mit dem die Menschen, die ich kannte, ihr Leben in der DDR bewältigt hatten, die Kämpfe, die sie Tag für Tag ausgefochten hatten, waren nicht nachvollziehbar für die, die mit der Geste der Sieger in den Osten zogen. Ich dachte daran, wie meine Großmutter mit Herrn Kuhne gerungen hatte, nicht die Fahne zu hissen oder nicht zur Wahl zu gehen, ich dachte an all die Kinder der Freunde meiner Eltern, die kein Abitur machen konnten, ich dachte an die Leute, die Ausreiseanträge gestellt und danach ihre Arbeit verloren hatten.

Ihr wolltet doch bloß unsere Sexshops, so was hattet ihr da drüben ja nicht, sagte der Vater einer Freundin in dieser Zeit einmal zu meinem Vater, der ihn überrascht anschaute und lachte, weil er die Bemerkung für einen Witz hielt. Ich war mir nicht sicher, ob es wirklich ein Witz war und wer wir waren oder sein sollten, die die Sexshops hatten haben wollen. Und woher die Häme kam, die in diesem Vorwurf lag, selbst wenn er nicht ernst gemeint gewesen war.

Was haben sich deine Eltern bloß dabei gedacht, fragte mich einige Wochen später eine Studentin aus dem Osten, die ich in Aachen bei einer Veranstaltung traf. Die haben riskiert, dass du ins Heim kommst oder von Fremden adoptiert wirst, sagte sie und nahm einen Schluck aus ihrer Kaffeetasse, nur weil sie in den Westen wollten? Da hätten sie die paar Jahre auch noch warten können, jetzt kann jeder gehen, wohin er will.

Mir verschlug es die Sprache, meine Hände begannen zu zittern, und ich schwieg, weil ich darauf nichts zu sagen wusste. Ihr Blick hinter der Goldrandbrille war vorwurfsvoll und triumphierend zugleich. Hatte sie recht? Sicher nicht, doch die Dringlichkeit unserer Flucht relativierte sich durch die Wende. Ich verteidigte die Entscheidung meiner Eltern nicht, ich sah die Studentin an ihren Platz zurückkehren, sie reckte das Kinn vor, sie hatte einen Punkt gemacht, hier, so weit im Westen.

Es war bei einer Begegnung zwischen ost- und westdeutschen Schülern und Studenten, wir waren uns fremd und schauten uns misstrauisch an. Ich hörte nicht mehr zu, nicht dem Vortrag und nicht der anschließenden Diskussion, ich dachte, dass unsere Fluchtgeschichte auf einmal ein Affront war, ein Angriff auf eine untergehende Welt und Lebenswege, die nichts mehr galten, die nicht weitergeführt werden konnten.

Während meine Mutter manchmal vorschlug, zurück nach Leipzig zu gehen, lehnte mein Vater das ab – er hatte abgeschlossen mit der grauen Stadt, er war seinen eigenen Weg gegangen, der sich nicht einpassen ließ in die Wende und später in das Land, das eins geworden war, irgendwie.

In dieser Zeit fuhr auch ich kaum nach Leipzig, ich war froh, dass es keine Notwendigkeit mehr gab, dass Verwandte und Freunde zu uns kommen konnten. Ich hatte wenig Neugier auf das Land, in dem sich alles veränderte und in dem die alten Gewissheiten, die alten Absurditäten, die so lange meine Welt gewesen waren, plötzlich auf den Kopf gestellt wurden, in dem neu gedacht werden konnte und viele anders dachten, als mein Vater es erwartete.

Ich verstand nicht, ahnte aber, dass auch unsere Rolle neu definiert werden musste. Wir waren nicht länger die aus einem totalitären System Geflohenen, weil es dieses System nicht mehr gab, wir stammten wie viele andere aus dem Osten: Auch nach Aachen kamen immer mehr Menschen aus dem untergegangenen Land, das Teil der Bundesrepublik wurde und neue Probleme mit sich brachte.

Wir waren eine Familie von unüberschaubar vielen – aber eben auch nicht.

Mein Vater wollte uns so nicht sehen, wir hatten uns selbst entschieden für die Bundesrepublik, dieses Land hatte uns freigekauft und aufgenommen, seit Langem arbeiteten meine Eltern hier und zahlten Steuern, wir mussten und wollten uns anstrengen, um etwas zurückzugeben von dem, was wir bekommen hatten, wir rissen uns immer noch zusammen, es besser zu machen als die anderen.

Und so wurden wir plötzlich, nach zehn Jahren in der Bundesrepublik, zu Westdeutschen, mein Vater hatte ein neues Wir gefunden, die alte Heimat gab es nicht mehr, es gab nur noch das Land, in dem meine Eltern hatten leben wollen, in dem ich aufgewachsen war und das mein Vater nun gegen den Osten und alles, was er mit sich brachte, verteidigte.

Die Einheit kam, und wir feierten sie in Aachen, nicht in Leipzig mit unseren Freunden, die teils nicht in Feierlaune waren.

Es war nun so, wie es hatte sein sollen, wie wir es uns immer gewünscht hatten, und doch war alles ganz anders und fremd und verwirrend, und so würde es lange bleiben.

32

In dieser Zeit hatte ich einen neuen Freund, in den ich sehr verliebt war und bei dem ich viel Zeit verbrachte. Er war ein paar Jahre älter als ich und studierte schon, und seine Eltern freuten sich, wenn ich zu ihnen kam. Ich übernachtete dort, blieb manchmal tagelang, und morgens fuhr er mich zur Schule. An den Wochenenden ging es nach Köln oder nach Düsseldorf ins Kino oder in Diskotheken, die Aachener Diskotheken waren zu klein geworden, die Stadt zu eng, wir waren immer unterwegs, und in den Sommermonaten verbrachten wir die Wochenenden an der holländischen Küste und liefen den breiten weißen Nordseestrand entlang oder stemmten uns auf Fahrrädern gegen den Wind, der über die Deiche wehte.

Ich begann in einer Boutique in einer der Aachener Fußgängerzonen zu arbeiten, wir verkauften Jeans und Pullover und Blusen, und das meiste Geld, das ich dort verdiente, gab ich gleich wieder für die Kleider aus, die ich verkaufte und selbst tragen wollte. Ich arbeitete nach der Schule oder währenddessen, ich fehlte häufig und schrieb mir selbst Entschuldigungen, was niemanden störte, da meine Noten gut waren, obwohl ich mich selten konzentrierte und mich außer der Literatur und dem Geschichtsunterricht nichts interessierte.

Meine Eltern waren mit sich beschäftigt, und ich war es auch. In dieser Zeit wurde meine Mutter aufgrund ihrer stärker werdenden Depressionen berufsunfähig. Sie unterrichtete gar nicht mehr, sie arbeitete im Garten, an dem Teich, der unser Grundstück mit dem der Nachbarn verband, und manchmal in der Sterbebegleitung unserer Pfarre. Mein Vater sorgte sich, ob diese Beschäftigung das Richtige sei für einen Menschen mit Depressionen, aber meine Mutter schien Halt darin zu finden. Abends ging sie in die kleine Einliegerwohnung meiner Großmutter, die nun bei uns lebte, gemeinsam sahen sie im Fernsehen alte Filme oder Krimis. Meine Mutter war inzwischen fast vierzig Jahre alt und immer noch schön. Ich hatte längst bemerkt, dass sich die Männer nach ihr umdrehten, ich sah ihre Blicke, und manchmal lächelte meine Mutter, geduldig oder mitleidig.

Auch ich verbrachte viel Zeit mit meiner Großmutter, nachmittags sahen wir alte amerikanische Serien oder *Raumschiff Enterprise*, das sie liebte. Sie hatte sich kein eigenes Leben aufgebaut in Aachen, sie lebte unseres mit und war immer zu Hause. Sobald ich kam, egal um welche Uhrzeit, fragte sie, ob ich schon gegessen habe und ob sie mir etwas machen solle. Meistens wollte ich nicht, ich kam und ging, wie es mir passte.

Ich war frei, das hatte ich so gewollt, ich entschied selbst, aber häufig hatte ich das Gefühl zu fallen. Es war ein Fall ins Bodenlose, ich fand keinen Halt in der Schule, in dem, was ich lernen sollte, oder in den Gedanken an eine wie auch immer geartete Zukunft. Was sollte ich studieren? Es gab so viele Möglichkeiten, aber ich dachte nicht darüber nach, welche überhaupt für mich infrage kamen. Als wir ein Schülerpraktikum machen sollten, entschied ich mich, stattdessen eine Hausarbeit in Deutsch zu schreiben, ich schrieb über *Effi Briest* und die 68er und ging in der Boutique arbeiten, obwohl mein Vater mir vorgeschlagen hatte, ein Praktikum bei einem befreundeten Richter zu machen. Jura, sagte er, ist ein gutes Studium, damit wirst du überall gebraucht und hast ein sicheres Einkommen. Ich konnte und wollte mir unter so einem Studium und Beruf nichts vorstellen, ich schrieb stattdessen meinen Aufsatz und langweilte mich in der Boutique.

Ich langweilte mich oft, in der Schule, im Bus, beim Geigenunterricht, zu dem ich immer noch ging, und war nirgendwo richtig anwesend. Häufig hatte ich das Gefühl, verloren zu gehen. War ich in anderen Städten, konnte ich mich kaum orientieren, ich ging durch die Straßen, die zum Labyrinth wurden, ich erkannte nichts von dem wieder, was ich bereits gesehen hatte, wo ich gewesen war, selbst am Tag zuvor, jedes Mal sah es für mich von Neuem fremd aus, war nicht zu entziffern.

Mein Freund studierte Ingenieurwissenschaften, und was er da tat, verstand ich nicht, ich interessierte mich auch nicht dafür. Dadurch entstand eine Distanz zwischen uns, die mir natürlich erschien und lieb war. Ich war daran gewöhnt, eine eigene Welt zu haben, die allen anderen verschlossen blieb.

Er hatte die Angewohnheit, Stunden zu spät zu kommen, er konnte weder sein Studium noch seinen Alltag organisieren, und so lieb mir die Distanz zwischen uns war, so panisch wurde ich, wenn er sich verspätete. Ich konnte mir dann nicht mehr vorstellen, dass er noch da war, dass er irgendwo war oder ich ihn jemals wiedersehen würde. Kam er schließlich, war ich erleichtert und verstand die Angst nicht, verstand nicht, was mir passiert war und was das zu tun hatte mit diesem Jungen, dem ich glaubte, dass er mich liebte.

Manchmal sprachen wir darüber, was ich machen könnte, wenn ich das Abitur hätte, es waren Gespräche, die ins Nichts führten, die theoretisch blieben. Ich konnte mir keine Zukunft vorstellen, in der ich studierte, konnte nicht über den langweiligen Schulalltag hinausdenken, ich sah mich nicht bei irgendeiner Arbeit. Ich wusste, was ich nicht wollte, die beiden Berufe, die ich kannte: Musiker und Lehrer. Mein Freund sprach davon, erst einmal eine Lehre zu machen, bei ihm war es irgendetwas mit Elektrik gewesen, aber ich hörte gar nicht zu, zu unverständlich war mir der Gedanke und das, was er gelernt hatte.

Meine Welt schien eng zu sein trotz all der Möglichkeiten. Wieso wollte ich sie nicht nutzen, wieso beschäftigte ich mich nicht einmal mit ihnen? Wer hatte Mauern eingezogen, die unüberwindlich erschienen? Es gab keine Vorfreude auf das, was nach der Schule kommen würde, keine Offenheit, in die Welt zu gehen, es gab nur Angst, Angst davor, allein zu sein, keinen Weg zu finden, sich zu verlieren. Das Gefühl war diffus und manchmal unerträglich, ich konnte nicht darüber sprechen, aber es war immer da und nur auszuhalten, wenn ich mich in meine Bücher flüchtete.

Schließlich verließ ich meinen Freund, aus einer Laune heraus, weil mir ein anderer für den Moment interessanter erschien. Er weinte, und auch sein Vater weinte, es tat mir leid, aber das Drama dieser Tränen erreichte mich nicht.

Ich hatte keine Ideen oder Träume für mein Leben, aber die Alltagsschwere einer Beziehung, die enger wurde und selbstverständlich, ertrug ich trotzdem nicht.

33

Ein paar Monate nach meinem siebzehnten Geburtstag
fuhr ich mit meinen Eltern ins Baltikum und nach Leningrad, das schon wieder Sankt Petersburg hieß.

Es war eine Reise mit dem Orchester der Musikschule, in
dem ich Geige spielte. Mein Vater, der seine alten Kontakte
zu dem Musikkonservatorium in Petersburg, das er aus seiner Zeit in der DDR kannte, erneuert hatte, fuhr ebenfalls
mit, er leitete und organisierte, wie immer. Es war eine der
letzten gemeinsamen Reisen mit meinen Eltern, sie führte
in den Ostblock, der kein Block mehr war, sie erinnerte an
all die früheren Reisen und war doch ganz anders, leichter,
offener.

Die Juninächte waren endlos, das Licht fast immer da,
manchmal heller, manchmal schwächer, eine ewige Dämmerung, die Städte und Landschaften sanft zeichnete und
die Gesichter der Menschen leuchten ließ. Estland war
weit und grün, die Ostseeküste menschenleer, man emp-
fing uns freundlich, und wir gaben übermüdet Konzerte,
denn wir konnten kaum schlafen, weil es nie dunkel wurde,
wir saßen zusammen mit den Musikschülern aus Tartu, die
keine uns verständliche Sprache sprachen, aber das machte
nichts, es roch nach Sommer, und man sah Hoffnung und
Vorfreude in den Gesichtern der jungen Menschen, die
Freude darüber, dass sie nun träumen konnten und sich
vielleicht einer der Träume erfüllte.

Gemeinsam feierten wir Mittsommer, wir entzündeten an

einem Birkenwald ein Lagerfeuer, über das wir sprangen, wir schrien, wenn die Funken stoben, und dann küssten wir uns. In klapprigen Bussen ging es auf endlosen leeren Straßen durch Sommerwälder, von Tartu nach Vilnius und weiter nach Petersburg.

In Petersburg war es heiß und hell, und es gab kein Mineralwasser mehr. Nirgendwo, in allen Läden war alles ausverkauft, typisch, sagte mein Vater und schüttelte den Kopf. Zeit für die Marktwirtschaft, sagte er, und dann suchte er eine Lösung, so wie er das immer getan hatte. Er verbot erst einmal allen kategorisch, Leitungswasser zu trinken, er sprach sehr streng mit uns und warnte vor schlimmen Folgen und Petersburger Krankenhäusern. Dann lief er durch die heißen Straßen auf der Suche nach Mineralwasser und fand schließlich eine viel zu süße Limonade, die wir unter viel Gelächter runterwürgten. Sie war warm und klebrig und löschte den Durst nicht, aber wir hatten keine Wahl, wir tranken sie und aßen süßes, cremiges Eis, *moroschenoje*, wir tranken Wodka, wenn keiner hinsah, und aßen mit Zuckerkruste überzogene Beeren.

Ich dachte an einen der estnischen Jungen, den ich am Lagerfeuer geküsst hatte, während wir für das nächste Konzert probten, und Andreas, einer meiner Freunde, der am Pult neben mir saß, lachte, wenn er mich träumerisch aus dem Fenster schauen sah, in den weißen Petersburger Abend hinaus. Wir waren verzaubert von dem Licht, von der Schlaflosigkeit, vom Schweben zwischen Tag und Nacht, von unserer Jugend. An einem Abend – wir waren noch wach, obwohl es nach Mitternacht war – gingen Andreas und ich spazieren, weil es heiß war und in den kleinen Zimmern der Jugendherberge zu stickig. Wir gingen an die Newa und liefen die breiten Boulevards entlang, Arm in Arm. Das Hellblau des Wassers verschwamm mit dem Himmel, wir liefen und redeten, und Andreas, der neunzehn war, versicherte mir, dass siebzehn das allerschönste Alter sei, nie werde es schöner als jetzt, und einen Moment lang glaubte ich ihm.

Epilog

Viele Jahre vergingen, Leipzig und Aachen waren Vergangenheit, andere Orte wurden wichtig, andere Menschen. Ich hatte Literaturwissenschaften studiert, hatte viel Zeit verbracht in Süditalien, auf Sizilien, wieder eine andere Welt, nachdem sich meine geteilte Welt zusammengefügt hatte und eins geworden war. Ich reiste zwischen Deutschland und Sizilien hin und her, wurde mir der eine Ort schwer, ging ich an den anderen, fremd fühlte ich mich mal hier und mal dort, in beiden fand ich so etwas wie Heimat.

Am liebsten fuhr ich spät in der Nacht durch die verlassenen Straßen Palermos, die im gelblichen Licht der Straßenlaternen geheimnisvoll aussahen. Das schwarze Straßenpflaster schimmerte, die tags so laute Stadt still und menschenleer, fremd und anheimelnd in ihrem malerischen Verfall.

Änderte sich in Deutschland andauernd alles – ich zog wegen meiner Arbeit zwischen Süden, Norden, Westen und Osten hin und her –, blieb in Palermo alles gleich, die Menschen gingen nicht fort, und wer fortging, litt an Heimweh und kehrte immer zurück.

Ich blieb, manchmal Monate, ein Jahr oder mehrere, aber immer kam ich nach Deutschland zurück, ich fand meinen Rhythmus im Hin und Her, im Dazwischen.

Meine Großmütter und mein Großvater waren inzwischen verstorben, überhaupt war keiner mehr da, der sich an die zwei Jahre erinnerte, die ich bei meinen Großeltern verbracht hatte, an das Heim in Gera, in dem ich als Schmetterling verkleidet geweint hatte, an die Sommernachmittage im Garten oder die Wanderungen in Thüringen. Auch mein Vater starb, und mit ihm verschwanden die endlosen Gespräche über Leipziger Straßen, das Reiß-dich-zusammen, die Chopin-Etüde, die er auf seinem Flügel gespielt hatte. Immer noch stäubte ich Puderzucker auf zuckrigen Stollen und erzählte meiner Tochter, die nach seinem Tod zur Welt kam, wie gern ihr Opa Mohnkuchen und ungarische Salami gegessen hatte. Und wie lieb er sie gehabt hätte.

Orte und Menschen, viel Arbeit, Lieben, die ins Nirgendwo führten – bis mein Herz nicht mehr mitmachte. Es kam aus dem Takt, es suchte sich einen eigenen, unregelmäßigen, und manchmal stand es still. Dann wurde ich ohnmächtig, und es wäre leicht gewesen, nicht zurückzukehren.

Ich versuchte weiterzumachen, weil ich immer weitermachte, ich hatte ein Gerät über dem Herzen, das den Rhythmus vorgab und mich zurückholte, wenn ich ohnmächtig wurde, seine Stromschläge waren brutal und unerträglich, sie hielten mich am Leben, aber ich fürchtete sie mehr als alles andere.

Ich verbrachte Monate in Krankenhäusern, nachts lief ich die langen Gänge entlang, erst in einem Münchner Krankenhaus, später in Berlin. Ich lief und lief über die Flure der Charité, auf der einen Seite konnte man den Osten von Berlin sehen, auf der anderen Seite den Westen, irgendwo jenseits der Siegessäule schlief meine Tochter, es war ganz still, die Geräte piepsten leise, beruhigend, eine Welt für sich, in der mir nichts passieren konnte. Dachte ich, hoffte ich, es gab die Geräte und die Ärzte, aber mein Herz sträubte sich auch hier, der Schrittmacher konnte nichts ausrichten gegen den Sturm in mir, und ich klammerte mich an den Arm eines Pflegers, seine dunklen Augen nahmen den ganzen Raum ein, ein schwarzes Loch, in dem ich verschwand.

Fünf Wochen später wachte ich auf, ich wusste nicht, wo ich war und was passierte, ich war in meiner eigenen Welt gewesen, weit, weit weg, nicht allein, denn nachts hatte ich den Kinderatem meiner Tochter gehört, tiefe Atemzüge, gleichmäßig, ruhig, ich sah sie auf dem Gang vorbeilaufen, sie musste Abendbrot essen, sie machte Schulaufgaben, sie lachte und tanzte und spielte mit dem Hund, den sie sich immer gewünscht hatte. Er war klein und braun, eine Mischung aus Cockerspaniel und Pudel, er bellte leise und leckte ihre Hand ab. Wo wir waren, wusste ich nicht, hatte uns jemand entführt, was machten wir eigentlich hier. Ich wollte nach Hause, ich wusste nicht, wo das war und wie es dort aussah, und ich konnte mich auch nicht bewegen, meine Beine und Füße waren eingeklemmt, ich dachte an zu enge Schuhe mit hohen Absätzen, aber ich konnte nicht nachsehen, ob das stimmte, oder sie ausziehen.

Ich war allein. Sie sagten mir, dass meine Tochter fünf Wochen lang nicht bei mir gewesen war, dass ich geträumt hatte, zwischen Maschinen und Schläuchen, Pflegerhänden und Ärzteblicken. Sonden und Schläuche, Flexülen und Kanülen, was immer ich sehen konnte von meinem Körper, war fremd.

Ich verstand, dass ich nicht entführt worden war, sondern dass man mir das Leben gerettet und dass das viel Mühe gekostet hatte. Ich träumte nachts, die Träume wirklicher als die Wachstunden, längst vergessen geglaubte Menschen tauchten darin auf, ferne Orte und ein dunkelgrüner See, in dem ich schwimmen wollte, hätte ich nur die Beine bewegen können. Wenn ich aufwachte, war ich benommen und sehnte mich nach der Traumwelt, weg von den Schläuchen und Sonden, aber sie holten mich wieder in das Krankenzimmer, gaben mir Infusionen und künstliche Nahrung, der Beatmungsschlauch gab den Takt vor, in dem der Atem floss, der nicht meiner war.

Sie fuhren mich in ein anderes Krankenhaus, weg von Berlin, und draußen begann der Frühling.

Das neue Krankenhaus lag in einem Park, ich sah hohe alte Bäume, und vor meinem Fenster stand ein Feigenbaum. Die ersten hellgrünen Blätter, noch klein, sprossen an den Bäumen, die Vögel sangen, und der Park war unerreichbar, er war so weit weg wie meine Träume. Ich schaute stundenlang aus dem Fenster auf den Feigenbaum und die Bäume, ich versuchte, alles zu tun, was ich tun sollte, aber meine Zehen bewegten sich nicht, meine Füße und Beine waren starr.

Mein Körper war voller Wunden und blauer Flecken, er gehörte den Versorgern, wurde dauernd berührt von jemandem, der mehr dafür zuständig war als ich. Meine Tochter kam, meine Freunde kamen, sie hatten Tränen in den Augen, dass du noch da bist, sagten sie, und du hast es geschafft, aber ich wusste nicht, was. Im Zimmer lag eine Frau, die weinte und fragte, warum, warum ist mir das passiert, und ich verstand die Frage nicht, wer sollte sie beantworten und wozu.

Ich bewegte die Arme, die Beine und die Zehen, ein oder zwei Schritte waren nicht möglich, ich fiel einfach um. Nachts träumte ich, dass ich laufen konnte wie früher, ganz einfach, mühelos, aber wenn ich aufwachte, hatte ich vergessen wie, und jede kleine Bewegung erforderte höchste Anstrengung. Mein Herz war ruhiggestellt mit Medikamenten, es war müde, erst hatte es immer geschlagen, dann war es zu viel gewesen, und nun brachten es die Medikamente und Maschinen in Takt.

Nach vier Wochen durfte ich zum ersten Mal in den Park, den ich von meinem Fenster aus gesehen hatte, ich saß im Rollstuhl, die Schläuche waren immer noch überall, es dauerte lange, bis sie so verstaut waren, dass ich ins Freie konnte.

Der Park war so schön, wie ich ihn mir vorgestellt hatte, er war alt und verwunschen und erinnerte mich an einen Park aus meiner Kindheit in Aachen, in dem ich manchmal gespielt hatte. Hinter den hohen Bäumen sah ich halb verfallene hölzerne Liegehallen, wo vor hundert Jahren Lungenkranke gelegen und geatmet hatten. Ich wollte draußen bleiben, der Park wurde mein Sehnsuchtsort, aber es dauerte Monate, bevor ich allein dorthin durfte, und dann verbrachte ich halbe Tage auf den Bänken und im Schatten der mächtigen Bäume. Inzwischen hatte sich das Laub rot und gelb gefärbt, ich lief mit Stützen, ohne Schläuche, ganz langsam, immer weiter, ich war in meiner eigenen Welt, wieder sicher, wieder geschützt. Auch hier piepten die Maschinen nachts leise, die Flure, auf denen ich nur langsam auf und ab gehen konnte, waren verlassen und dunkel, die Schichten der Pflegerinnen und Pfleger immer gleich, Frühschicht, Spätschicht, Nachtschicht, auf die Minute genau kamen und gingen sie, erzählten von ihren Kindern und Hunden, von der Fahrt zur Arbeit und ihren Sehnsüchten. Ich träumte von einem Mann, der mir sagte, wie ich laufen sollte, seine Augen waren dunkel und manchmal grün, er berührte mich, und ich folgte tags seinen Bewegungen und abends seinen Erzählungen, er war zu nah und dann weit weg.

Als sie mir sagten, ich könnte nach Hause gehen, bekam ich Panik. Ich ging und änderte mein Leben, ich wollte es so nicht weiterleben, denn ich wusste nicht, wie mein Herz schlagen sollte, wenn ich weitermachte wie zuvor. Manchmal kam die Angst, sie überfiel mich plötzlich und unerwartet und überall, sie war ein Abgrund, in den ich stürzte und in den mir niemand folgen konnte.

Sie wussten nicht, was mein Herz gestört hatte. Sie wussten nicht, ob es wieder passieren könnte. Sie wussten nicht, ob dieses Herz reichen würde für mein Leben, ich hatte es verschlissen, irgendwie und irgendwann. Ich sollte vielleicht ein neues bekommen, das war nicht schwer, sagten sie, sie sprachen von Routine und guten Chancen und hoher Lebensqualität.

Ich gewöhnte mich an den Gedanken, eines zu bekommen, das bereits ein Leben hinter sich hatte, ich gewöhnte mich an den Gedanken, meines zu behalten, so wie es war, ich gewöhnte mich an den Gedanken, dass ich nicht wusste, was passieren würde, dass ich nicht planen, vorsorgen, mich absichern konnte, dass ich mich auf dünnem Eis bewegte wie alle anderen auch, nur hatte ich die Tiefe darunter schon gespürt.

DANK

Dank an Annette Anton, Monika Boese, Simon Elson,
Julia Franck, Karsten Kredel und Katja Oskamp für alle
Gespräche und Anregungen.
An Hermann Hülsenberg für das Cover.
Und wie immer an Matthias Landwehr.

Dieses Buch ist auch meinen Eltern, meiner Großmutter
und meiner Tante gewidmet, in Dankbarkeit.